Ernst Graf

Rhthmus und Metrum zur Synonymik

Ernst Graf

Rhthmus und Metrum zur Synonymik

ISBN/EAN: 9783744650274

Hergestellt in Europa, USA, Kanada, Australien, Japan

Cover: Foto ©ninafisch / pixelio.de

Weitere Bücher finden Sie auf **www.hansebooks.com**

Rythmus und Metrum.

Zur Synonymik.

Von

Ernst Graf,

Dr phil. und Privatdocent a. d. Universität Marburg.

Marburg.

N. G. Elwert'sche Verlagsbuchhandlung

1891

Die beiden Fundamentalbegriffe Rythmos und Metron
werden von den alten Theoretikern oft in Gegensatz zu einander
gebracht; dieser Gegensatz ist an verschiedenen Stellen ein
durchaus verschiedener, das gegenseitige Verhältnis der beiden
Begriffe ist ein schillerndes, vieldeutiges, und doch ist es wichtig,
den Anschauungen, durch welche die Gegenüberstellung bedingt
ist, auf den Grund zu kommen, um teils Unklarheiten und Miss-
verständnisse bei den Alten zu erkennen, teils missverständ-
liche Folgerungen der Neueren aus solchen Stellen zu beseitigen.

Zunächst was bedeutet Rythmos? An der Ableitung von
ῥέω ist nicht zu zweifeln (vgl. Mar. Vict. p. 48; a rhym et
fluore quodam), das Suffix ist dasselbe wie in σταθμός
πλασμός. Wenn aber Curtius (Grundzüge der griechischen
Etym. s. v. ῥέω) einen Bedeutungsübergang von ῥέω »fliessen«
zum Begriff Rythmos sich dadurch entstanden denkt, dass
die Griechen zuerst am Wogenschlag des Meeres rythmische
Bewegung beobachtet hätten — »dass der ῥυθμός dem Meere
abgelauscht war, steht mir fest«, heisst es S. 353 der 5. Aufl. —
so ist dem schwerlich beizustimmen. Vielmehr scheint ῥέω
einen ähnlichen Bedeutungswandel durchgemacht zu haben,
wie das deutsche — etymologisch nicht verwandte — rinnen,
das ursprünglich jede Art rascher Fortbewegung bedeutet, sich
dann aber auf die Bewegung von Flüssigkeiten beschränkte,
während die ursprüngliche weitere Bedeutung sich in dem
Causativum rennen erhalten hat. So bedeutet ῥυθμός an sich
»Lauf« und speciell Tanzbewegung. Diese Bedeutung tritt in
der Literatur vielfach hervor. Das Verbum ῥέω selbst zeigt
keine Spur dieser weiteren Bedeutung mehr, denn wenn es
Aesch. Sept. 80 und Rhes. 290 von der strömenden Menschen-

1

menge, B M 150 von Geschossen gebraucht wird, so ist das
selbst erst eine von der geläufigen Bedeutung des Wortes aus
geschehene Uebertragung

So wird ῥυθμός von der Gangart des Menschen allgemein
gebraucht bei Alkidamas de soph p 191 Blass: die lange
Fesseln getragen haben, können, wenn sie deren entledigt sind,
noch nicht gleich wie andre Menschen gehen, ἀλλ' ὡς δουλι-
κὰ σχήματα καὶ τοὺς ῥυθμοὺς (Haltungen und Bewegungen)
ἀποσῴζοντας, μεθ' ὧν καὶ δεδαμένους αὐταῖς διοιχνεῖν ἐν
παρόνοσδι. Ziemlich thöricht werden ῥυθμοί im späteren
Sinne auf das Gehen der Menschen angewandt bei Aristides
Quintilianus p 99 Meib: es gibt dort ὀργῶσιν τε καὶ ἴσα μὲν
τῶν σπουδαίων βαίνοντας, sodann σῴζουσι μὲν, ἄνισον δὲ κατὰ
τοὺς χρονίους ἢ κατὰ τὰς (¹), dann ἴσον, ὁμαλοί δὲ κατὰ τὰ
τῶν συρρίγων und endlich βαρεῖ καὶ ἀνίσων καὶ ἀγγεῖς ἄλλοτ᾽ ἄλλως
ῥυθμῶν. Nicht auf Menschen beschränkt noch diese Bedeutung
Longin proleg Heph p 84 W. sagt· καὶ ἕτερον δὲ παρὰ τὰ
ῥυθμός ἀναμάσῃ, und der Anon Ambros. de re metr bei
Studemund anecd. var. I p 231 lässt den Rythmus unter
anderem entstehen ἐν παρσῷ τελεῖν καὶ ἴσαταν δρόμων.

Die letztere Bedeutung liegt vor bei Aeschylus in der allerdings corrupten Stelle Choeph. 797. Orest wird mit einem
Ross verglichen, das in ein ῥύθμα πώρωτον eingespannt ist.
Es heisst dann unverständlich: τίς ἂν σῴζημεναι ῥυθμὸ τοῦτ᾽
Μοῖς ἄπεσδεν, ἐν σφασιν βημάτων ὄρεγμα. Hier bedeutet
ῥυθμός nicht das rechte Mass, wie Wecklem erklärt, sondern
den Lauf des Rosses, auf diesen wird σῴζεσθαι, glücklich heim-
kehren, unversehrt ans Ziel gelangen, übertragen, was eigentlich dem Ross selbst zukommt.

Ist in diesen Beispielen ῥυθμός ganz allgemein der Gang,
die Vorwärtsbewegung, so tritt meistens speciell die Bedeutung
des Wohlgeordneten, künstlerisch Gestalteten hinzu. Da die
richtige Bewegung eines lebenden Wesens durch die Schwer-
punktslage bedingt ist, so erzählt Maximus Tyrius or. 12, 3
vom Kranich, er nehme einen Stein in den Schnabel, ἵνα οἷς
ἐν ῥυθμῷ ἐν τὸ ὅλον. Beim Menschen kann von ἀρρύθμως
βαδίζειν ἐν ταῖς ὁδοῖς die Rede sein (Alexis frg. 263).
εὐρύθμως βαδίζειν führt Ar. Quint. p 31 an. Wenn

Athenaeus 14, 22 erzählt, die Kreter und Lakedämonier hätten für den Krieg eingeführt αὐλῳ und ῥυθμῷ drei αἰλέρχγος, und sodann von den Arkadern, sie übten ἐμβατήρια μετ' αὐλοῦ und ταξεως, so ist unter ῥυθμος geordnete Marschbewegung unter Flötenbegleitung zu verstehen, denn die beiden Stellen sind durchaus parallel, ταξις ist synonym mit ῥυθμος [?]. (Als »Gleichtritt« erklärt Droysen Kriegsaltert S 48 den ῥυθμος in der verwandten Stelle des Thucydides 5, 70: Ἀργεῖοι μὲν und οἱ ξύμμαχοι ἐντόνως und ὀργῇ χωροῦντες, Λακεδαιμόνιοι δὲ βραδέως und ὑπὸ αὐλητῶν πολλῶν νομου ἐγκαθεστώτων οὐ τοῦ θείου χαρεν, ἀλλ' ἵνα ὁμαλῶς μετὰ ῥυθμοῦ βαίνοντες προελθωσι und μὴ διασπασθείη αὐτοῖς ἡ ταξις)

Soweit ῥυθμος vom Gang. Eine Handlung, mit besonderer Rücksicht auf die dabei geschehende Bewegung, bedeutet es bei Theocrit 26, 22:

τίνι δ' ἔπραξεν οὖν αἱματλατῳ μέγαν αἰμον

λὶϊ ἐπὶ μεστοτερα βᾶσαν und ἀνδρόνεος ῥυθμος αὐτός

Auf die Körperbewegungen des Redners bezieht es Quintilian I 10, 26. demzufolge corporis actus et decens motus als εὐρυθμία bezeichnet wird [?]

Aehnlich werden die Körperbewegungen des vortragenden Virtuosen als ῥυθμοι bezeichnet; so erzählt Theophrast (frg. 92 W) bei Athenaeus 1, 44, dass der Aulete Andron von Catana zuerst κινήσεις und ῥυθμοις ἐποίησε τῇ αὐλησει αὐλῶν, denn rythmus an sich wird wol von jeher im Flötenspiel gewesen sein. Es sind tanzartige Bewegungen des Soloten gemeint; auch Polybios bei Athenaeus 14, 6 erzählt, dass die Auleten μετὰ τῆς ἁρμοζούσης κινησεως vortrugen, und Dionys v. Hal de e v. p 58 R nennt μελος φωνη und κινησις als die drei Dinge, die sich beim Auleten in σύμμετρον χρόνοι bewegen müssten; von Uebertreibung dieser Bewegungen erzählt Aristoteles

---

1) So steht dem ἀρρύθμος ῥυθμῷ das εὔρυθμον ῥυθμῷ gegenüber bei sub 861, Plato leg 2, 665 A definirt ῥυθμῷ als κινησεις ταξις, Dionys v Halm stellt de lysia p 474 R beide Begriffe zusammen: An εὐρυνθμοι χρόνοι ist ἡ ταξις und οἱ οἱ ὀφιθμοι, ebenso Athenaeus 1, 24 m Bezug auf Körperbewegung, wenn er erzählt, dass man zu Ballspielen den ὀφιθμὸν Φῶ und vafte bewundere

2) zusammen brechen davon von der Thases Or an. 2, 4, 29

part. c. 28 (οἱ φαύλως αὐλήσαντι ἀντιόμενοι .). Dass diese
ῥυθμοί der Auleten, wie auch der Kitharoden, hauptsächlich
Bewegungen der Füsse waren, ist selbstverständlich, vgl. die
Stellen, die Westphal Rythm. 2. Aufl S 103 citirt. schol. Aesch.
c Tim p. 128. οἱ αὐλητaί ... κατεσχηματισμένοι ἅμα τῷ ποδί,
Lucian salt 10: περιπατεῖ τῷ ποδί, Quint. 1, 12, 3: citharoedi ....
ne pes quidem otiosus Hinzuzufügen ist Athenaeus 1, 89, wo
nach Phillis von Delos (Fr hist. gr IV, 476) erzählt wird.
τοὺς ἀρχαίους αὐλητὰς τὰ μέλη τοῖς ποσὶ συμπεριάγειν,
χειρῶν, ἀλλὰ πoδῶν ἦν πλείους, διαῖνεσθαι καὶ χορεύεσθαι

Dieselbe Bedeutung von ῥυθμος als musische Bewegung
des Spielenden haben wir anzunehmen in der Definition der
ἐναυλία, die Semos bei Athenaeus 14, 9 gibt: ἀγωγὴ συγγενείας
ἀριθμῷτος αὐλῶν καὶ ῥυθμῶν χωρὶς λόγου τοῦ προσμελῳδοῦντος

So bezeichnet ῥυθμος geradezu den Tanz, z. B bei Agathias
anth. Pal 11, 64: ἄμμιγα παιχνιεῖσι ῥυθμὸν δὲ πλείονα
Philostr. im p 405 Kays verbindet. ὁ τῶν αὐλῶν ἦχος καὶ
ἡ τῆς ᾠδῆς χάρις καὶ ὁ τῶν ἀρχουμένων ῥυθμός Da nun
die orchestische Bewegung sich eng an die Beschaffenheit des
Textes und der Melodie anschliesst, so scheint sie bereits in
dieser vorgebildet zu sein, und so nimmt Rythmos die uns
geläufige Bedeutung einer im Text und Melodie bereits gegebenen Bewegung an

Im allerweitesten Sinne ist ῥυθμός Maas und Ordnung
überhaupt; der Chor der Frauen bei Euripides Hippol 529
bittet, Eros möge nicht ἄρρυθμος erscheinen; Plato rühmt leg
2, 728 E τὰ δὲ μικρὰ als συμπεριϊστάμενα καὶ δαψιλέστατα und
sagt dann. ἡ τῶν χρημάτων καὶ κτημάτων κτῆσις καὶ τιμήσεως
κατὰ τὸν αὐτὸν ῥυθμὸν ἔχει, und von Plato's Unterricht sagt
Plutarch Dio 1, 2, dass er in die Thaten seiner Schüler ἐμμέλειαν
und ῥυθμος hineinbringe. Bei Theognis v 964.

μή νύν' ἐπαινίσσης, πρὶν ἂν εἰδῇς ἄνδρα σαφηνῶς,

ὀργήν καὶ ῥυθμὸν καὶ τρόπον ὅστις ἂν ᾖ,

bezieht sich ῥυθμός auf die Mannhaltigkeit des ganzen Auf-
tretens, auf das richtige Verhältnis, in dem Äusserungen und
Handlungen eines Mannes zu einander stehen. Die angeführten
Beispiele beziehen sich alle auf ein Nacheinander; ῥυθμος wird
schliesslich von der Zeit auf den Raum übertragen; schon

Demokrit nennt die Form der Atome ῥυσμός, der Rhetor
Menander II, 2 lobt die εὐρυθμίαν an Meerbusen, Theophrast
an Pflanzen (wie Jacobs zu der Stelle des Men bemerkt), und
so spricht man von ῥυθμος in der bildenden Kunst in demselben Sinne als man die Architektur als gefrorne Musik bezeichnet hat.

Doch um auf den musischen Rythmus zurückzukommen,
so bezeichnet ῥυθμος endlich nicht allein das Ganze der rythmischen Bewegung, sondern in späterer Zeit auch denjenigen
kleinsten Teil derselben, an dem man den Charakter der
Bewegung erkennt, also den einzelnen Takt, den Fuss

Um parallele Bedeutungsentwickelungen verwandter Ausdrücke uns Auge zu fassen, so ist πούς ebenso wie ῥυθμός von
der allgemeinen Bedeutung der rythmischen Bewegung aus zu
der speciellen des Einzeltaktes gelangt. Als Synonyma werden
πους und ῥυθμός genommen von Plato rep 3, 398 f. Der
Satz: τὴν ἁρμονίαν καὶ ῥυθμὸν ἀκολουθεῖν δεῖ τῷ λόγῳ 398 D
erscheint 400 A in der Form: τὰς πόδα τῷ τοιούτου (καὶ βίου
καρμενου) λόγῳ διαγαθεῖν ἐποιεῦτο καὶ τὸ μέλος, ἀλλὰ μὴ λόγον
ποιῆ τε καὶ μέλει. Und auf diese letztere Stelle wiederum wird
400 D verwiesen mit den Worten· εἶπερ ῥυθμός γε καὶ ἁρμονία
λόγῳ (καὶ ἕπεται), ὥσπερ ἄρτι ἔλεγετο, ἀλλὰ μὴ λόγος τούτοις.
Genauer bezeichnet hier πούς den Rythmus als höhere Einheit
gegenüber den mit dem Plural ῥυθμοι bezeichneten verschiedenen Gestaltungen rythmischer Bewegung So hiess es 399 E,
man solle die ῥυθμοι des βίος κόσμιος und ἀνδρεῖος studieren
und darnach den πούς gestalten; ebenso heisst es 400 C von
Damon, er habe an verschiedenen ῥυθμοι die ἀγωγαι τοῦ ποδός
getadelt (Ueber diese Stelle später) Der Dialog Kleitophon
407 C erwähnt τὴν ἐν τῷ ποδὶ πρὸς τὴν λύραν ἁμετρίαν.

So auch das lateinische pes. Ovid zweifelt ex Ponto 3, 4,
87, quo pede utatur, nämlich ob er episches oder elegisches
Versmaass anwenden solle. Bei Horaz findet sich pes wiederholt in der Bedeutung Versmaass, Rythmus. So zweifellos carm.
4, 6, 35; Lesbium servate pedem, was zu dem Chor gesagt
wird, der das in sapphischem Maase gehaltene carmen saeculare
singen soll. Ars poet 80 ist vom pes des Archilochus die Rede,
den die Tragödie und Komödie angenommen habe, gemeint ist

das Iambische Versmaass, ebenso epist. 1, 19, 23. Mit Unrecht
erklärt Weil Jahrb. 1862 S. 336 an letzterer Stelle, sowie carm 4,
6, 35 pes als Einzeltakt und will die ragere Bedeutung Ver-
maass nur als Möglichkeit zugeben. Ganz haltlos ist seine Fol-
gerung aus sat. 1, 10, 42. Pollio regum facta canit pede ter
percusso, der Trimeter werde hier als ein Takt bezeichnet
(d i ein πους μονιον im Sinne des Aristoxenos); der pes des
Pollio hat nicht tres, sondern ternas percussiones, es ist der
ganze in dreitaktige Verse gegliederte Rythmus. Ebenso wenig
sind wir genötigt, in der Stelle Ar ran 1323, wo Aeschylos
nach dem Vortrag einer glykoneischen Arie in euripedeischem
Stile den Dionysos fragt. ποις σοι φαινεται τουτο; dem Worte
πους den concreten Sinn Vers, Kolon beizumessen, wie Christ
S 69 und andre thun. Selbst wenn die zweite Frage τι δε;
τουτον ποις; die sich auf den schlechten Vers bezieht, der
durch die erste Frage verbunden mit des Dionysos Antwort
ερει entsteht, echt ist, so bedeutet πους nicht den Vers selbst,
sondern den schlechten Rythmus, der in ihm zu Tage tritt.
Wir werden auch von den ältesten Namen der einzelnen Füsse
annehmen dürfen, dass sie ursprünglich eine Tanzbewegung im
Ganzen bezeichneten, erst später einen abgetrennten Teil der
Bewegung. Der ποθμος τροχαιος erklärt sich von selbst;
διδακτυλος geht sicher ebenso wie πατειν (s Lentsch Philol.
11, 835, Christ 386) auf das Stampfen, πατειν, beim Tanze;
διαπατειν = anheben zu tanzen, nicht viel verschieden von
πατειν selbst, wie viele Zusammensetzungen mit δια lehren,
so ist διασταλιζω ein Tanz, der das καλαμοι darstellt, bei Ath
14, 30, διαχορειν wird Ath 8, 44 vom Flötenspieler gesagt,
διαπεταινω von Vögeln Anth. Pal 9, 563, διασκιρταω τον
θανατον Plut de Alex. fort I, 7, προεισαγωγη Plut. de exil
17 von der Einleitung eines Gedichtes, προεισαγειν Ar rhet.
3, 14 von den Vorübungen der Athleten. Was den Jambos
betrifft, so wurden nach Semon bei Ath. 14, 16 die ορχησμα-
δαλα später ιαμβοι genannt, also der Name einer Tanzbewegung, ist auf die Tänzer selbst übertragen, sollten nicht auch
die lithischen Dactylen ihren Namen einem Tanz gleichen
Namens verdanken? Athenaeus 14, 27 führt die δακτυλοι
unter den Tänzen mit auf Die id D. werden als φεροντες aut

δακτυλικοι mit den Kureten und Korybanten confundirt (schol.
Heph. p. 123, desgl bei Strabo und Diodor, vgl Crusius in
Roschers Lexikon s. v. Dactyloi). Dann wäre Dactylos ebenso
wie paeon ein aus Kreta stammender Tanzname, und die Beziehung, in die der daktylische Rythmus von Heph. scholiasten
und anderen zu den idäischen Dactylen gebracht wird, nicht
so unbedingt von der Hand zu weisen, wie es von Leutsch a.
a. O S. 348 (vorsichtiger Christ S 147) geschieht. Auf den
Rythmus des Epos würde der Name dann erst später übertragen worden sein, als er sich bereits zur Bezeichnung eines
blossen Taktmasses verdünnt hatte[1].

Aehnliche Wandlungen wie ῥυθμός hat auch das Verbum
βαίνω durchgemacht. Vom einfachen Schreiten erhebt es sich
zur Bedeutung des kunstvollen Schreitens, Tanzens, so Plato
Alcib. I 108 A: τον ᾄδοντα δεῖ μεθαρμόζειν κατά πρός τήν ᾠδήν
καί βαίνειν, ei tb C τό μεθαρμόζειν καί τό ᾄδειν καί τό ἐμβαίνειν
ᾠδὴ. Und ebenso wie ῥυθμος löst sich auch βαίνω los
von der körperlichen Bewegung und bezeichnet die Darstellung
des in der λέξις selbst enthaltenen Rythmos, also ‹vortragen›
So erklärt sich die auffällige Verwendung des Wortes beim
Hephaestionscholiasten p 130 W : ἡ συναλοιφή ὡς γράφεται καί
βαίνεται οἷον· ὡς Ἴηαϑ᾽ αἱ δ᾽ ἔρα· οὐ γάρ ῥήξ ἀδιαλήπτως βαίνομεν,
οἷον· ὡς ἔρατο, ἀλλά ὡς γράφεται, Ἴηαϑ᾽. ἡ δε συναιρήσεις
ἀδιαλήπτως μεν γράφεται βαίνεται δε ἀλλαχῶς. Ebenso p 121:
συνίζησις ὅταν συλλέγηις δύο συλλαβάς εἰς μίαν ἢ καί βαίνειν.

βαίσις ›der Tanz‹, bei Pindar Pyth 1, 3 auf den tanzenden
Chor selbst übertragen, wird von Plato als Synonymon von
ῥυθμός gebraucht. So rep. 2, 399 E ἱ τό περί ῥυθμούς, μή

---

1) Dass der epische Hexameter eine verhältnismässig späte Entwick-
lung darstellt, ersehen wir aus den lyrischen Dactylen, die dem ursprünglichen Charakter daktylischer Verse vielfach näher stehen. So ist
die Caesur erst ein späteres Element. denn was die Entstehung des
Hexameters betrifft, so scheint mir Rossbachs Anschauung, der, der
Analogie des Pentameters folgend, ihn aus zwei gleichen mit Hebung
beginnenden Hälften ursprünglich zusammengewachsen sein lässt, die
meiste Gewähr für sich zu haben. Dann ist der Abschluss der Vor-
glieder mit vollem Fuss älter, als die denselben verschrängende Clausel,
ein Abschluss, den die lyrischen Dactylen noch häufig zeigen.

παπάλους αὐτούς διαλαον· μηδὲ παντοδαπαῖς φάσεις .. 400 B
εἶ ος τε ἀναλαμβάνειας καὶ ἑξῆρεας .. περιποιεῖσθαι φάσεις, καὶ τίνας
ταῖς ἐναντίας λουσσῶν φυθμοῖς Endlich scheint es, wie später
φυθμός, zur Bezeichnung des Einzeltaktes, daher leg 2, 670 D
parallel stehen die φάσεις τῶν φυθμῶν und die χορδαὶ (d. i. die
einzelnen Töne) τῶν μελῶν.

Dem griechischen φυθμός entspricht das lateinische numeri,
auch in der Bedeutung »Takt«, so Ov. am 1, 1, 27 — pedes
(vgl. v. 30).

    sex mihi surgat opus numeris, in quinque recidat.
    . . . .
    Musa per undenos emodulanda pedes.
Merkwürdigerweise hat numerus oder numeri bisweilen geradezu
die Bedeutung »Melodie«. So Lucret. II 630 Phrygio stimulat
numero cava tibia mentes, denn von einem phrygischen Rythmus
weiss kein Mensch, wol aber ist der phrygische Harmonie
bekannt als Enthusiasmus erregend Ebenso erwähnt Properz
3, 22, 16 Phrygis insanos numeros. Vergil ecl 9, 45. numeros
memini, si verba tenerem.

Dass das griechische φυθμός ebenso gebraucht worden sei,
dafür liegen nur schwache Indicien vor So bringt Longin
prolog. Heph. p 84 W. unter anderen Bedeutungen von φυθμός
auch bei: μελῶν σχήματα und χορδῶν κινήματα, und das
Verbum φυθμίζειν im Sinne von modulari finden wir von
Aristoteles gebraucht bei Ps. plutarch de mus. c. 23, 1: ἐν
γὰρ δυοῖ τετραχορδοις φυθμίζεται τὰ μέλη. φυθμός vom Ton,
Klang gebraucht Dio Chrysost. or. 33 p 17 Dind., wo er das
φέγκειν, eine üble Sprachangewohnheit der Tarser, als ὁ τοι-
οὗτος φυθμός bezeichnet. ib p. 19 erscheint φυθμός, in derselben Beziehung, fast gleichbedeutend mit μέλος, ὥσπερ
ἥμερος . Ἴδιος μέλος, οὗτω καὶ ὅς οὗτος φυθμός.

Zu erklären ist ein solcher Sprachgebrauch dadurch, dass
rythmus, das ursprünglich die hinzutretende lebendige Bewegung bedeutet, dann überhaupt alles umfasst, was dem lebendigen Vortrag zukommt, im Gegensatz zum blossen Wortlext
(Vergl I 1 : numeros — verba, denn rythmus im gewöhnlichen
Sinne liegt schon in den verba. Bei Dionys v. Hal de c v c. 11
p 64 R ist dieselbe Zusammenfassung mit dem Ausdruck φυθμὸς)

und *movoum*, gegeben, s später), also auch die Melodie, und schliesslich diese vorzugsweise. Deutlich liegt derselbe Bedeutungswandel vor in dem Worte *χορεία*. Der Etymologie nach Tanz bezeichnend wird es von Plato leg. 2, 654 B als zusammenfassender Ausdruck für *ῳδή* und *ὄρχησις* gebraucht; wenn aber die Frösche Ar. ran. 247 von ihrem Quaken in der Tiefe sagen *χορείαν ἐγκαταμιξάμεν*, und Pratinas frg. 1 v. 17 den Dionysos anruft *ἐμὲ ὁ κτύπος χορείαν*, so ist hier an *ῳδή*, vorzugsweise gedacht. Ebenso hat das Verbum *χορεύειν* geradezu die Bedeutung singen angenommen, wofür Christ S. 668 Beispiele anführt.

Der älteste Schriftsteller, bei dem uns die Begriffe Rythmus und Metron häufig begegnen, ist Plato. In der Partie des zweiten Buches der Gesetze, die vom Chorgesang handelt, 653 D — 670 E, herrscht durchgehends die Zweitelung. Gesang und Körperbewegung, *ῳδή* und *ὄρχησις*, die zusammen die *χορεία* ausmachen (654 B) Jenem gehört die *ἁρμονία* an, dieser der *ῥυθμός*. Der Rythmus erscheint also nicht als etwas an Gesang liegendes, sondern, seiner ursprünglichen Bedeutung näherstehend, als etwas, das erst durch die Tanzbewegung zum Gesang herangebracht wird; definirt wird er als die diese Bewegung regulnde Ordnung (τάξις) 658 D: *τόσε ἅπαν* . *ταῖς τε ουλαιον καὶ ταῖς φωναῖς ὑποχέων ἄγειν οἱ δειγετα* .. *τὰ μὴ ἀλλήλοισι καὶ συμφώνητα* .. . *τὸ δὲ φθεγγέσται α*. — ... *τῶν δι ταῖς κινήσεσι τάξεων ὀδδὶ ἀναλώσας, ἃις δὴ ῥυθμὸς ὄνομα ἂν ἔχοισι* Mit deutlicherer Trennung — unter Bezugnahme auf die angeführte Stelle — 665 A: *τῇ τῆς κινήσεως τάξει ῥυθμὸς ὄνομα εἴη, τῇ δ ἀν τῆς φωνῆς* . *ἁρμονία* Vgl 655 A: *ἡ μονοδή καὶ σχήματα καὶ μέλη ἔστι, περὶ ῥυθμὸν καὶ ἁρμονίαν οὔσης τῆς μονωδῆς* Anstatt *ὄρχησις* und *ῳδή* als Träger von *ῥυθμὸς* und *ἁρμονία* werden hier deren einzelne Teile, *σχήματα* und *μέλη*, genannt. 669 A: *ἀγαθῶν ἐν ῳδαὶ ἦ τε ῥυθμὸς σχήματα καὶ ἡ ἁρμονίας μέλη* Wenn es 654 E heisst: *μετὰ ταῦτ ζητ* . *διεφερτι γενῶ σχῆδὶ τε μελῶν καὶ μέλος καὶ ῳδή) καὶ ὄρχησιν*, mit umpassendem Charakter, so sind die beiden letzten Begriffe zu streichen als Glossem, das in Erinnerung an die eben vorhergegangene Erwähnung von *ῳδή* und *ὄρχησις* in dieser Reihenfolge 654 D beigeschrieben wurde

Dieselbe Zweiteilung Philebus 17 D, wo gleichfalls die φυθμοί dem αρχομενος τοῦ σώματος zugeschrieben werden

Dagegen tritt 656 C als drittes Element der Worttext hinzu und wir erhalten somit die bekannte Dreiteilung, ὅ τι πορ ἄν ... ᾖ τῇ πάγατοι τέχνῃ ῥυθμοῦ ἢ μέλους ἢ ῥήματος σχήματον Auch hier ist mit Rythmos die in der orchestischen Darstellung liegende Bewegung gemeint, das zeigt der Wechsel des Ausdrucks mit σχῆμα 669 e: .. σχήματα δ' ἐφαίν' μαστομεναι τὸ σχῆμα γινομένον καὶ μέλος ἀπεδείξαμεν, καὶ μέλος ἐλανθάνομεν τὰ τοῦ σχήματα (so für σχήματα zu schreiben, s. Amsel, Breil philol. Abh. I, 3 p. 29) ἐνεθέντες ῥυθμοὺς δοκίμων καὶ δι' ἀλιωθέρων προσαγμένων, und sodann die beiden Ausdrücke verbunden: οὐδ' ἂν ῥυθμοῖς καὶ σχῆμα ἐλανθάνων ὑποθέντων μέλος ἢ λέγων ἐναντίον ἀνεθέθη ἐπ τοῖς ῥυθμοῖς Denn ῥυθμοι und σχήματα sind nicht identisch, die δέγχοις setzt sich zusammen aus σχήματα, Stellungen, und den dieselben verbindenden γορος (Plut qu. convv. 9, 15), der geordnete Wechsel der beiden Elemente ergiebt die ῥυθμοί. Auch im folgenden können wir den Rythmos orchestisch verstehen; es werden Beispiele angeführt für unberechtigte Trennungen der 3 Elemente, διαιρολεων οἱ πολγουσί ῥυθμὸν καὶ σχήματα μέλους χωρίς, λόγους φιλοῦς εἰς μέτρον τιθέντες, damit ist der Vortrag der Soladeen gemeint, s. Ar. Quint. de mus. p. 32, μέλος δ' αὖ καὶ ῥυθμὸν ἄνευ ῥημάτων, ψιλῇ κιθαρίσει τε καὶ αὐλήσει προσχρώμενοι; auch hier können wir Rythmos in dem bezeichneten Sinne fassen, denn die Vorträge der Instrumentalvirtuosen pflegten von mimischer Bewegung begleitet zu sein, s. die oben angeführten Stellen. Zwar könnte es scheinen, als ob im folgenden, wo getadelt wird das αὐλήσει χρῆσθαι καὶ κιθαρίσει πλην ὅσον ὑπὸ ὀρχήσει τε καὶ ἀδήν, der Philoesthartistik die Musik abgesprochen würde, doch wird hiermit nur ganz allgemein jeder Gebrauch der Instrumente ausser zur Begleitung der vollen χορεία verworfen; an einem Mangel an voller Schärfe und Klarheit des Ausdrucks dürfen wir uns ja in den Leges, so wie sie überliefert sind, nicht stossen.

Rythmos dagegen in der weiter entwickelten Bedeutung der bereits in dem Musikstück enthaltenen Bewegung begegnet uns Leg VII 812 D, wo von ῥυθμὸν ἐναντίαντα die Rede ist, die beim Spiel der Leier angebracht werden · An Körperbewegung ist nicht zu denken, denn wir befinden uns beim lehrenden Cithartsten, während der orchestische Unterricht als eine andere Stufe der Ausbildung erst im Folgenden besprochen wird.

So erscheint der Rythmus bereits vom Dichter in seinem Werk hervorgebracht, Sympos 187 C: κατεγχίρισθαι ῥυθμῷ τε καὶ ἁρμονίᾳ ἢ ποιοῦντα, ὃ δὴ μελοποιΐαν καλοῦσιν, ἢ χρώμενον ὀρθῶς τοῖς πεποιημένοις. Jon 534 A: οἱ μελοποιοὶ οὐκ ἔμφρονες ὄντες τὰ καλὰ μέλη ταῦτα ποιοῦσιν, ἀλλ᾽ ἐπειδὰν ἐμβῶσιν εἰς τὴν ἁρμονίαν καὶ εἰς τὸν ῥυθμόν, βακχεύουσι. Rep 3, 397 B erscheint die λέξις als Träger von ἁρμονία und ῥυθμός δεῖ τις διακαλεῖ ἐχρώμενον ἁρμονίαν καὶ ῥυθμὸν εἰς λέξιν.

Zu ῥυθμός gesellt sich nun als nahe verwandter Begriff μέτρον. Entsprechend der oben angeführten Dreiteilung λόγος ἁρμονία ῥυθμός begegnet uns durch Hinzutritt von μέτρον eine Vierteilung, so Gorgias 502 C: εἴ τις περιέλοιτο τῆς ποιήσεως πάσης τό τε μέλος καὶ τὸν ῥυθμὸν καὶ τὸ μέτρον, ἄλλο τι ἢ λόγοι γίγνονται τὰ λειπόμενα; Rep 10, 601 B. ἐὰν . . τις λέγῃ ἐν μέτρῳ καὶ ῥυθμῷ καὶ ἁρμονίᾳ Synonym können die beiden Begriffe nicht sein, dies anzunehmen verbietet schon ihre Zusammenstellung. Wenn aber Amsel S 36 Anm. 2 sagt, ῥυθμός im Gegensatz zu μέτρον beziehe sich bei Plato stets auf orchestische Bewegung, so hält diese Behauptung nicht Stich gegenüber der Stelle Phileb 17 D, wo beides als der αἴσθησις σωματικῇ angehörig bezeichnet wird· ἡ ταῖς κινήσεσι τοῦ σώματος ... διόντα πλήθη, ἃ δὴ δι᾽ ἀριθμῶν μετρηθέντα δεῖν αὖ φησι ῥυθμοὺς καὶ μέτρα ἐπονομάζειν. Also der Unterschied muss ein andrer sein.

Blicken wir zurück auf eine ältere Stelle, in der uns ῥυθμοί und μέτρον zusammen begegnen! Es ist der Unterricht, den in Aristoph Wolken v. 638 f. Sokrates dem Strepsiades erteilt.

Sokrates will ihn unterrichten περὶ μέτρων, περὶ ῥυθμῶν und περὶ ἐπῶν. Dem ersten Gebiet gehört die Frage an, welches μέτρον er für das schönste halte, τὸ τρίμετρον ἢ τὸ τετράμετρον. Der Unterricht über die ῥυθμοί soll ihn unterscheiden lehren, ὁποῖος δέ τι τῶν ῥυθμῶν κατ᾽ ἐνόπλιον, χώπαῖος αὖ κατὰ δάκτυλον. Die Stelle ist von Westphal Metrik 2. Aufl.

Bd 1 S 32 behandelt. Er fasst μέτρα ῥυθμοί ἔπη, als drei verschiedene Verngaltungen, unter ἔπη versteht er dactylische Hexametra. Dass das letztere ein Irrtum ist, hat schon Weil in seiner Recension Jahrb 1869 S 372 bemerkt. ῥυθμοί δ'αὖ beziehen sich vielmehr auf den vv 658—91 ertheilten Unterricht über Sprachrichtigkeit. Wir haben hier ein Bild des Unterrichts der Sophisten, zu deren Vertreter Sokrates von Aristophanes gestempelt wird; Protagoras aber bezeichnet mit demselben Ausdruck bei Platon Protag 339 A zum höchsten Bildungsziel περὶ ἐπῶν δεινὸν εἶναι, cf. 342 A ὃ ἐν λόγοις ταῦτα, περὶ ἐπῶν

Ferner glaubt Westphal aus der Stelle schliessen zu dürfen, »dass man den Namen μέτρα auf die μέλη der lyrischen Compositionen, z. B auf die Composition κατ᾽ ἐνόπλιον (d i aus den Reihen '∪—∪∪—∪∪—) und das κατὰ δάκτυλον εἶδος (d i lyrische Compositionen aus dactylischen Tetrapodieen) nicht anwendete«. Er fasst also ῥυθμοί in concretem Sinne als eine Bezeichnung der lyrischen μέλη. Concreter Unterschied zwischen ῥυθμοί und μέτρα wird aus unserer Stelle geschlossen auch bei Longin Prolg. Heph. p. 84 W

Nun hat unsere Stelle die engste Verwandtschaft mit dem, was in Platons Staat 3, 400 B vom Unterricht des Damon erzählt wird. Es ist dort nur von ῥυθμοί die Rede οἶμαι δέ με ἀκηκοέναι, erzählt Sokrates, οὐ σαφῶς ἐνόπλιόν τέ τινα ὀνομάζοντος αὐτοῦ ξύνθετον καὶ δάκτυλον καὶ ἡρῷόν γε, οὐκ οἶδα ὅπως διακοσμοῦντος καὶ ἴσον ἄνω καὶ κάτω τιθέντος, εἰς βραχύ τε καὶ μακρὸν γιγνόμενον, καί, ὡς ἐγᾦμαι, ἴαμβον καί τιν᾽ ἄλλον τροχαῖον ὠνόμαζε, μήκη δὲ καὶ βραχύτητας προσῆπτε. Es ist offenbar derselbe Typus des Unterrichts, der an beiden Stellen vorschwebt, an beiden werden gerade ἐνόπλιοι und δάκτυλοι erwähnt. Bei Plato erscheint die ganze Stelle etwas nonchalant hingeworfen, offenbar will er zeigen, dass dieser exakte Wissenskram der Sophisten ihn wenig berührt: der historische Sokrates wird zu den Sophisten in freundlicherem Verhältnis gestanden haben, als der platonische

Wir können also seinen Lehrer Damon zu den Sophisten rechnen; Laches 180 D ist er ἀνδρῶν χαριέστατος οὐ μόνον τὴν μουσικήν, ἀλλὰ καὶ τἆλλα ὁπόσου βούλει ἄξιος συνδιατρίβειν τοσούτοις. 197 D erscheint er als Urheber spitzfindiger Begriffsbeziungen, die er dem Umgang des Proklos verdanke; ebenso wird 200 A B seine Autorität in diesen Fragen hervorgehoben. In der Platostelle man umfasst die Unterweisung in den ρυθμοί auch die Behandlung der Einzelfüsse, ferner tritt zum ἀσκήσει und zum μετὰ ἰσχυρῶν εἶδος auch das ἔφεξης hinzu, beides unverträglich mit der Bedeutung von ρυθμοί als lyrische Kola; und dies muss, bei der grossen Aehnlichkeit der beiden Stellen, bedenklich dagegen machen, ρυθμοί bei Aristophanes so zu verstehen.

Das Verhältnis wird vielmehr so sein: ῥυθμικὴ ist der theoretische Teil des Unterrichts, er zerfällt in zwei Stufen; die niedere Stufe, die Lehre von den Einzelfüssen, erwähnt nur Plato; Aristophanes nennt allein die höhere, welche den rythmischen Charakter ganzer Compositionen beurteilen lehrt. Nun heisst es bei Plato weiter 400 C: καὶ τοίνυν πολὺ οἶμαι τὰς ἀγωγὰς τοῦ ποδὸς αὐτοῦ οὐχ ἧττον μηχανῶ τε καὶ ἐπαινεῖν ἢ τοὺς ῥυθμοὺς αὐτούς. ἀγωγή hat keine weitere Bedeutung als die speziell musikalische des Tempo's. Es gibt eine rythmische und eine harmonische ἀγωγή. Die letztere könnte man etwa mit Melodieführung wiedergeben. Ueber sie klärt uns eine Stelle des Athenaeus, l. 14 c. 20, auf. Es wird da von Pythermos erzählt, er machte ἀγωγὴν τῶν μελῶν δημῶδες ὄντων τοῖς ᾔθεσι τὰν Ἰώνων διότιπερ ἐπαλαμβάνω οὐχ ἁρμονίαν εἶναι τὴν Ἰαστί, ὕστερον δὲ εἶναι ἁρμοστῶν σχήματος ἁρμονίας. Iasti sei gar keine besondere Octavengattung, sondern nur eine »Weise« von bestimmt ausgeprägtem Ethos. Es tritt also in Gegensatz zu einander die Scala, die das Material an Tönen darbietet, und die ἀγωγή, die schöpferische Verwendung des Tonmaterials. In gleicher Weise werden an unserer Stelle die ἀγωγαι τοῦ ποδὸς (πους bedeutet hier Rythmus) zu verstehen sein von den Gestaltungen des Rythmus, wie sie in den vorhandenen Versen der Dichter vorliegen, im Gegensatz zu den ρυθμοι αὐτοί, den Grundelementen [1]. Also Damon betrachtete nicht nur die Rythmen theoretisch, sondern erörterte auch ihre

---

[1] ἀγωγή von der Prosa als »Gang« der Rede, D Hal de Isoc p 544 R ...

Anwendung. Wenn nun bei Aristophanes auf die Unterweisung παρὶ ῥυθμῶν diejenige περὶ μέτρων folgt, so werden wir dem entsprechend in dieser »Verslehre« nur den angewandten Teil der Rythmik erblicken. Die τρίμετρα und τετράμετρα haben auch ῥυθμοι, insofern sie iambisch resp. trochäisch sind, μέτρα und so, insofern sie aus 3 resp. 4 Dipodien bestehen. Die Unterscheidung von ῥυθμοί und μέτρα als verschiedene Versarten sind wir also nicht berechtigt in so hohe Zeit hinaufzurücken; περὶ μέτρων ist nur eine Unterabteilung des rythmischen Unterrichts, daher Plato an unserer Stelle und mehreren anderen, wo er von diesem Unterricht spricht, nur der ῥυθμοί Erwähnung thut. So Crat. 424 B. Hipp. mai 285 D min 268 D

Wir haben bei Aristophanes μέτρα in dem concreten Sinne »Verse« kennen gelernt. ῥυθμοι dagegen, wenn es concret wird, nimmt die Bedeutung Takte an. Uebersetzen wir beides ins Abstrakte zurück, so bedeutet als Eigenschaft eines ποίημα ῥυθμός die Bewegung, die aus der Gestaltung seiner kleinsten Takte hervorgeht, μέτρα dagegen die Form, die es durch Gliederung in gemessene grössere Abschnitte erhält. In diesem Sinne kann denn auch die εἴρησις συμμετρίαι sowol ῥυθμός als μέτρα enthalten, wie im Phileb 17 D steht. Daher Ps. aristot. de mundo p 397 von den Sternen gesagt wird, an οἶτοι ἐν διωρισμένοις μέτροις, von dem geordneten Verhältnis grosser Bewegungsabschnitte. Dieser Unterschied entspricht auch der ursprünglichen Bedeutung der beiden Ausdrücke aufs beste.

Der Gegensatz liegt bei Aristophanes darin, dass ῥυθμός das Abstrakte ist, μέτρα dagegen concret. Derselbe Gegensatz begegnet uns bei Plato Sympos. 187 D, wo ἁρμονία und ῥυθμός gegenübersteht den πεποιημένα μέλη καὶ μέτρα, also wie ἁρμονία zu μέλος, der fertigen Melodie, verhält sich ῥυθμός zu μέτρον. μέτρα sind somit alle rythmisch gestalteten Schöpfungen. Nun gibt es deren zweierlei, redend vorgetragene und gesungene, dieser Unterschied wird auseinandergesetzt rep 3, 397 B. Phaedr. 278 C werden sie als ποίησις ψιλή und ἐν ᾠδῇ einander entgegengesetzt, rep 10, 607 A und Jon 533 E als ἔπη und μέλη. Das μέτρον kann an sich sowol mit μέλος verbunden als ohne dasselbe auftreten; Sympos. l. l. sind sie als verbunden gedacht, da ja auch ἁρμονία und ῥυθμός dort nicht von einander zu trennen sind. Nennt nun μέλος, das in abstraktem Sinne gleichbedeutend ist mit ἁρμονία (so leg. 656 e), die concretere Bedeutung des mit μέλος verbundenen μέτρον an, wie an den beiden genannten Stellen, rep. 10, 607 A und Jon 533 E, also nicht »Melodie«, sondern »gesungenes Gedicht«, so wird es zu einer Unterabteilung des μέτρον; so ist rep. 10, 607 D verständlich: ἢ μέλει ἢ τινι ἄλλω μέτρῳ. Endlich verengert sich der Begriff μέτρον zur blossen Bezeichnung des ohne μέλος auftretenden μέτρον, also gleichbedeutend mit ἔπη, und in diesem Sinne treten μέτρον und μέλος einander als Gegensätze gegenüber Lysis 205 B

Bei Aristoteles hat sich ῥυθμός von seiner orchestischen Grundbedeutung durchaus entfernt. Es ist ein Irrtum, wenn G. Hermann in seiner Ausgabe der Poetik p 113 zu poet 1449 b, wo ῥυθμός als Eigenschaft des λόγος erwähnt wird, bemerkt ῥυθμόν intellegit Aristoteles saltationem et gestum. Vielmehr werden Tanzbewegungen ausdrücklich als σχηματιζόμενοι ῥυθμοί bezeichnet poet. 1447 a, während sonst ῥυθμός immer eine dem gesungenen oder gesprochenen Worte anhaftende Eigenschaft bedeutet. So werden rhet. 3, 1408 b als die drei Dinge, mit denen es die rhetorische λέξις zu thun habe, bezeichnet μέγεθος ἁρμονία ῥυθμός, d i Stärke des Tons, Höhe und Rythmus, und ausdrücklich wird vorher angegeben, dass sie der φωνή angehören. (Vgl. Probl. 19, 20: διὰ τί οἱ ῥυθμοί καὶ τὰ μέλη φωνή οὖσα ἤθεσιν ἔοικε;) Wenn es Metaphys. N p 1087 heisst, ὁτιοῦν μέτρον ἢ ἁρμονία δίεσις, ἐν μεγέθει δάκτυλος ἢ πούς, ἐν ῥυθμοῖς βάσις ἢ συλλαβή, so wird auch hier nicht geschriebener und gesprochener Rythmus geschieden, sondern βάσις der Takt (so Plato rep. 3, 399 E, leg 2, 670 D ohne Beziehung auf orchestische Bewegung) steht zu συλλαβή in demselben Verhältnis der nächsthöheren Einheit, wie πούς zu δάκτυλος Pohl. 2, 1263 wird βάσις allein als Grundbestandteil des rythmus genannt

Auch Polit 9, 1340 f. erscheinen die ῥυθμοί lediglich als etwas durch das Gehör Empfundenes, an die sichtbaren ῥυθμοί der Orchestik wird gar nicht gedacht. μελοποιῖα und ῥυθμοί, heisst es, sind die beiden Bestandteile der μουσική Die ῥυθμοί und μέλη sind δηλονότι φωναὶ δηλῆς προσέχεις δι ἑρμίας etc. . . .

μεταβάλλομεν τήν ψυχήν αίρεσίμοισι τοιούτοισ. Dann wird
die Frage aufgeworfen, πότερον δεῖ μανθάνειν σπουδῇ; φθορτάς
τι καὶ γεωργογραφίτας (ernst oder spielend, von saltato ist
nicht die Rede).

Definirt wird der Rythmus Rhet. 1408 b: τὸ ἄρρυθμον
ἀπέραντον .... περαίνεται δὲ ἀριθμῷ πάντα· ὁ δὲ τοῦ σχήματος τῆς λέξεως ἀριθμός ῥυθμός ἐστιν. Während es bei
Plato Phileb 17 D heisst, die Rythmen würden δι᾽ ἀριθμῶν
gemessen, wird hier der Rythmus selbst als ἀριθμός bezeichnet.
Ἀριθμός bedeutet nicht nur Zahl, sondern auch das in Zahlen-
verhältnissen ausdrückbare Mass, die Ordnung, Gliederung.
So ist bei Aristot die Zahl ἀριθμός τῆς κινήσεως (de an
2, 7. 8 erscheint der ἀριθμός fast aktiv, in der menschlichen
Seele vorhanden als »messende formgebende Wahrnehmung«
Dort wird angegeben, dass Plato die αἰσθήσεις als ἀριθμός τοῦ
ἑτέρου bezeichne, und der späteren Akademie ist die Seele selbst
ein ἀριθμός ἑαυτὸν κινῶν, da sie selbst erst in die Wahr-
nehmungen Mass und Form hineinlegt, u. Trendelenb Ar de
an 2 Aufl p 141)

Ἀριθμός ist auf diese Art zu einem Synonymon von ῥυθμός
geworden[1]. So wird bei Plut. qu. conviv. 9, 15, 2, 7 die
ὄρχησις bezeichnet als ein ταξεῖ τινι καὶ ἀριθμῷ γινόμενον.
(D Hal. de c v 210 R· προδότιν ἀναριθμῶν ἐπὶ τῶν ἀγαθῶν
d. h. rythmisch vortragen) Ja selbst in concretem Sinne findet
diese Stellvertretung statt, ἀριθμοί in der Bedeutung »eine
rythmisch gestaltete Partie« gebraucht D. Hal. de vi Dem
p. 1110 R: ἐπιχειρεῖται τις προφερόμενος τοιόσδε ἀριθμος,
worauf ein Stück einer Rede citiert wird, ebenso de c. v. 184.
ὃ οἷς παραδέδωκε ἀριθμοῖς mit Beziehung auf ein derartiges
Citat.

Ἀριθμός und ῥυθμός ist zunächst allgemein die Form, die
dem vorher formlosen Stoff, dem ἄπορον, gegeben wird.
So bedeutet ῥυθμίζειν die gestaltende Thätigkeit an dem vorher durch καὶ ἄμορφον ὑποκείμενον de coelo 3, 305; gleich-

1) Ob das lat. numerus für rythmus auf pythagoreische Anschauungen
zurückgeht und von Ennius eingeführt ist, wie L. Müller, der metrus
Vers 8 12, meint, ist doch zweifelhaft, wahrscheinlich ist es einfach
Uebersetzung des etymologisch unverstandenen ῥυθμός. s Christ 8

bedeutend mit σχηματίζειν, welches aus dem gestaltlosen Stoff die Statue schafft, Phys 2, 245

Dieses Gestalten ist nun hier ein περατοῦν. Das bedeutet keine einmalige Begrenzung, sondern eine durch fortlaufende Abgrenzung einzelner Abschnitte, die dadurch in bestimmte Grössenverhältnisse treten, hervorgebrachte Gliederung. In diesem Sinne wird im Folgenden 1409 b der μετρουμένη λέξις im Gegensatz zur εἰρομένη das περατοῦ Η͂ zugeschrieben. Ist hier von der Gliederung durch ganze Sätze die Rede, so handelt es sich an unserer Stelle um die kleinsten Abschnitte, um den wolgefälligen Wechsel der langen und kurzen Silben und der aus ihnen bestehenden Versfüsse; dies beweist das unmittelbar Folgende, wo die ῥυθμοί im Einzelnen besprochen werden, nämlich ἡρῷος, ἴαμβος, τροχαῖος etc.

Ἀριθμοί in Beziehung auf diese kleinsten Elemente finden wir bei Athenaeus 14 c 32. Es heisst da, die Dichter, die für den Gesang dichteten, durften noch die grössten prosodischen Freiheiten erlauben, so vor allem Homer, dagegen οἱ μὴ πρὸς ᾠδήν τι ποιοῦντες ἀπεσώζον τοὺς στίχους τοῖς ἀριθμοῖς (d. i mit richtigen Silbenquantitäten) καὶ τῇ τάξει τῶν μέτρων.

Dass Aristoteles den rhetorischen Rythmus lediglich in der richtigen Verwendung der einzelnen Füsse sieht, dafür spricht der Plural ῥυθμοί in der schon berührten Stelle p 1403 B, wo die richtige Handhabung des ῥυθμός dadurch bedingt erscheint, dass der Redner womit τίσι ῥυθμοῖς πρὸς ἕκαστον παιδὸς χρήσθαι δεῖ

An unserer Stelle tritt nun μέτρον in Gegensatz zu ῥυθμός und zwar wird von der Rede gesagt, sie müsse ῥυθμος, dürfe aber kein μέτρον haben. Das Fehlerhafte eines λόγος ἔμμετρος wird dabei charakterisiert, es sei erstens unnatürlich (ἀπίθανος), es wirkt nicht, weil der Eindruck des unmittelbar Empfundenen durch die Persönlichkeit des μέτρον zerstört wird), zweitens, es wirke zerstreuend, ἐξίστησι· προσέχειν γὰρ ποιεῖ τῷ ὁμοίῳ, πότε πάλιν ἥξει. Dieser letztere Zug weist darauf hin, dass wir auch hier unter μέτρον das Grössenverhältnis der σὺλα zu verstehen haben, der Redner muss eine geregelte Wiederkehr gleicher Abschnitte vermeiden, die Sätze dürfen nicht genau abgemessen sein und im Umfang einander correspondieren, wie Verse eines Gedichts. Ganz so hat auch Demokritus das μέτρον verstanden, vgl. de eloc. 251: πρῶται τῇ δι᾽ ἁρμονίας καὶ τοῖς περιόδοισ ἡ πυκνότης, μάλιστα δ᾽ ἐν τοῖς λοιποῖς γεγραμμένοισ οὐκ ἐπιτηδεία εἶναι ... τις ὁρᾷ γὰρ τι θέμενος μέτρῳ εἰσπιπτόντων λογομέτρῳ σχεδόν, καὶ τοῦτο ἀπὸ μέτρων, ὥσπερ οἱ χαλίναμβοι (vgl. 269 πυκνοτάτας δημιουργίας ἐστὶ καὶ τὰ ἐπὶ τέλει τιθέναι τὰ δημιουργοῦντα). Von dieser πυκνότης τῶν περιόδων aber gibt er c. 15 eine Schilderung, die völlig unserer Aristoteles stelle entspricht: ἐὰν τὰς πυκνὰς περιόδους λυόντεσ οὕτω αἱ μεγάλαι ἡμῖν εἰσὶν, ὡς ἐπὶ τῶν εἰωμένων, οἵ τε ἀπιόντες ταντιλαῖ διὰ τὸ ἀντίθετον, τοτὲ δὲ καὶ ἐκχυροῦσι τὸ τέλος τῶν περιόδων προσιθέτης καὶ προστρέχουσι

Zu dieser Gegenüberstellung von ῥυθμός und μέτρον kommt auch wiederum die bei Aristoteles zugleich folgende concrete Verwendung beider Begriffe. ῥυθμός sind die Versfüsse, μέτρα dagegen werden bezeichnet als τμήσεα τοῦ ῥυθμοῦ, also die abgegrenzten Teile genau genommen nicht des Rythmus selbst, sondern des rythmisch gestalteten Stoffes. Von Interesse ist, dass sich mit ῥυθμός hier zuerst der Begriff des unaufhörlich Fortlaufenden verbindet, gegenüber dem stets begrenzten μέτρον, ein Gegensatz, der später bei Varro vor allem hervortritt. Weniger gut werden poet. 1448b die μέτρα als μόρια τῶν ῥυθμῶν bezeichnet, der Plural ist hier durchaus unpassend, vielleicht ist τοῦ ῥυθμοῦ zu schreiben.

Auf die Stelle 1447a: ἔπεσιν (d. s. alle Dichtungsgattungen) ποιοῦνται τὴν μίμησιν ἐν ῥυθμῷ καὶ λόγῳ καὶ ἁρμονίᾳ, τούτοις δ᾽ ἢ χωρὶς ἢ μεμιγμένοις, wird weiter unten 1447b repliciert mit den Worten· εἰσὶ τινες αἳ πᾶσι χρῶνται τοῖς εἰρημένοις, λέγω δὲ οἷον ῥυθμῷ καὶ μέλει καὶ μέτρῳ ὥσπερ ἥ τε τῶν διθυραμβικῶν ποίησις καὶ ἡ τῶν νόμων etc. διαφέρουσι δ᾽ ὅτι αἱ μὲν ἅμα πᾶσιν αἱ δὲ κατὰ μέρος. μέτρον tritt also an die Stelle von λόγος und bezieht sich auf die Gliederung des Worttextes. Noch ein drittes Mal begegnet uns dieser Gedanke 1449b, wo überliefert ist: λόγοι δὲ ἰδίᾳ μέτριοι λόγον τὸν ἥκιστα ῥυθμὸν καὶ ἁρμονίαν καὶ μέλος, und Victorius mit Recht für καὶ μέλος schreibt καὶ μέτρον.

In concretem Sinne bedeutet μέτρον überhaupt jeden poetischen Text, gleichgültig ob gesungen oder recitiert. So

bezeichnen Rhet. 3, 1404 b τὰ μέτρα das gesammte Gebiet der
Poesie im Gegensatz zu den ψιλοὶ λόγοι (ähnlich rhet. 3, 1409 b
τὰ μέτρα und τὰ ψόδια, poet. 1450 b οἱ λόγοι und τὰ ἔμμετρα
einander gegenübergestellt). 1405 a ist τὰ μέτρα synonym mit
ποιήσεις πλείστον διεστᾶτοι καὶ ἡ ποίησιν καὶ ἡ λόγοις οἱ μετο-
γαφον . τοσαύτῳ δ᾽ ἡ λόγῳ δεῖ μᾶλλοι ῥλαπτεσθαιδᾶι καί
αἱαὶ, ὅτι ἐξ ἐλαττόνων παρεσκευασμ ὁ λόγος ἐστὶ τῶν μέτρων.
Plato's Ausdruck τὰ τῶν ποιητῶν Rep. 10, 601 B wird 1406 b
wiedergegeben mit τὰ μέτρα τῶν ποιητῶν. Wo reine Poesie
allein bezeichnet werden soll, geschieht dies meist durch einen
besonderen Zusatz. Rhet. 1448 a wird dieselbe ψιλομετρία genannt. Wenn es 1447 a von der ἀνωνύμῳ heisst, dass es τοῖς
λόγοις ψιλοῖς ἢ τοῖς μέτροις nachahme, so ist ψιλοὶ auch zu
μέτρα hinzuzudenken. 1449 b wird von den Theilen der Tragödie
gesagt διὰ μέτρου ἦν τὰ μέτρον παραλισσεσθαι καὶ καθαρ ἑτέρῳ
διὰ μέλους, wo durch das μέτρον angedeutet wird, dass auch
die μέλη μέτρα sind. In andrer Weise verengert erscheint dagegen der Begriff μέτρον rhet. 1409 a. die Versühne des gleichen
und doppelten Geschlechtes sei in der Rede zu meiden, διότι
μετρικά. ὁ δὲ τακτὶς ἔχεττός ἀπὸ μέτου γὰρ οὐκ ἔστι μέτρων
τῶν φυθίτων ῥυθμῶν. Verse, die aus einer fortlaufenden
Reihe von Paeonen bestehen, gab es wol in der alten Komödie.
Aber, und das ist der einzige Unterschied, der hier gemeint
sein kann, Jamben, Trochäen und Dactylen pflegen fortlaufende
Reihen gleichlanger Verse zu bilden, während die Verse der
paeonischen Strophen eine regellose Verschiedenheit des Umfangs zeigen. So erklärt die Stelle richtig Christ Metr. S. 395
Hiernach also haben nicht alle Dichtungen μέτρον im engeren
Sinne, sondern nur die stichischen

Es bestätigt die Stelle aufs Neue, dass sich μέτρον nur
auf die Gliederung in grössere Abschnitte bezieht, während die
innere Beschaffenheit dieser Abschnitte Sache der ῥυθμοί ist.

Insofern μέτρον jeden poetischen Text bezeichnet, kann die
rythmische Disciplin, als auf das Verständnis der μέτρα hin-
auslaufend (s. o. zu Aristophanes), als μετρική bezeichnet
werden. So ist Poet. 1456 b die Lautphysiologie und die Lehre
von den ποσσόδια Sache der μετρική, dasselbe, was Plato
Crat. 424 B (στοιχεῖον ταῖς δυνάμεις διελέσθαι, ἔπειτα τῶν

συλλαβαί) als Vorbereitung auf die Lehre von den ῥυθμοί bezeichnet. Ebenso wird die part. an 2, 16 p 640 für lautphysiologische Fragen auf die μετρικοί verwiesen

Die Synonymität von Rythmik und Metrik musste schwinden, seit Aristoxenus Ernst machte mit der scharfen Fassung des Begriffes ῥυθμός, dessen Gebiet über das der μετρα hinausgreift Aristoteles kennt ja sehr wol den von der λέξις abgelösten Rythmus, im Instrumentalsolo und im Tanz ohne Worte, vgl den Anfang der Poetik, aber da diese Verwendung nur eine ausnahmsweise ist, so scheut er sich nicht, in die Definition des Rythmus als dessen Stoff die λέξις aufzunehmen. Aristoxenus setzt den χρόνος als Substrat des Rythmus an Stelle des sprachlichen Stoffes und indem er von diesem umfassenden Begriff ausging, konnte ihm die Verslehre und die darauf vorbereitende Lautlehre, die zu Plato's Zeit den Ausgangspunkt der rythmischen Unterweisung bildete [1]), nur eine Unterabteilung der angewandten Rythmik vorstellen. Er schlägt in seinen drei Büchern rythmischer Elemente im Gegensatz zu dem früheren Lehrgang einen systematischen Weg ein. ' Im ersten Buche handelte er, wie der Ueberblick am Anfange des erhaltenen zweiten lehrt, von den verschiedenen γένη des rythmus und unter anderm τί ποτέ ἐστιν ὁ χρόνος. also hier musste auch der sprachliche Stoff behandelt werden, daher Westphal wol mit Recht das lautphysiologische 14te Kapitel des Dionys v Halic in das erste Buch der Rythmik verweist. Hier aber war zunächst der Stoff allein unabhängig von seiner rythmischen Anwendung betrachtet, es folgt dann im zweiten Buch die Behandlung des musikalischen Rythmus im Allgemeinen, und so wird wol erst das dritte Buch den am Sprachstoff erscheinenden Rythmus behandelt haben. Daher sind die der eigentlichen Metrik angehörigen Notizen, so die über die Schlussilbe der Verse, über den Hexameter (frg 4 und 5 Westphal), mit Wahrscheinlichkeit in das dritte Buch zu verweisen

---

1) Crat 424 B wird die Kenntnis der φύσις der Laute und Silben als das erste bezeichnet. Ebenso handelt Hipp aus 2σ D der Unterricht des Hippias nach γραμματα δυναμει και συλλαβας και ρυθμους και ἁρμονιας. Nirgends bedeutet ebenso wie beim Umphastenschaltestra p. 52 W (s. u.) den rythmischen Werth jener Elemente.

Von Aristoxenus gehe ich über zu einem Manne, der einige
gerade für unsere Untersuchung überaus wichtige Notizen enthält und auch speciell für Aristoxenus von Interesse ist, zu
Dionys v. Halicarnass dem Aelteren

Was den Gebrauch der Ausdrücke μέτρον und ῥυθμός
angeht, so bedeutet ihm μέτρον zunächst allgemein die poetische
Form, vgl. de c. v p. 15 R: λυθῆναι τοῦ μέτρου, p 50:
ἐδύνατο τὰ μέτρα. Sodann in concretem Sinne poetische
Schöpfungen im Gegensatz zu den Producten der Prosa, p 11
λέξις ἡ μὲν ἔμμετρος, ἡ δ' ἄμετρος διαιρεῖται . . μηδὲν
οἶα σ' ἐστὶ ποιεῖν τὰ μέτρα καὶ τοὺς λόγου, p 21: τὰ μέτρα
καὶ τοὺς λόγους, p 52: οἱ συντιθέντες ἐν μέτρῳ τε καὶ λόγῳ
εἴ p. 50· συντιθεὶς δύναμιν ἔν τε μέτροισιν καὶ λόγοις. de vi
Dem p 1068 werden in gleichem Sinne λόγοι ἔμμετροι und
πεζοὶ zusammengestellt μέτρα in der Bedeutung »Verse«
haben wir p. 131, wo sie deutlich gekennzeichnet werden als
die zwischen κῶλα und περίοδοι in der Mitte stehenden Teile
der Strophe· οἱ περὶ Σιμμίχορον καὶ Πίνδαρον, μεταξὺ δερμαιν-
όμενοι τὰς περιόδους, οἷς πολλὰ μέτρα καὶ κῶλα δι' ἑνὸς εντεὶς
Μοῖραι sind also die Verse jeder beliebigen Dichtungsgattung.
Nun gibt es zweierlei Arten, p. 213 werden unterschieden οἱ
τὰ ἔπη καὶ τοὺς ἰαμβους καὶ τὰ ἄλλα τὰ ἀπροσόδη μέτρα
συντιθέντες von den μελοποιοί, οἷς ἔπεστι πολλὰ μέτρα
καὶ ῥυθμοὺς εἰς μίαν ἐμβαλεῖν περίοδον. μέτρα ἀπροσόδη
bedeutet hier das, was Aristoteles im engern Sinne unter
μέτρον versteht, an der Stelle (rhet. 3, 1409 A), wo er behauptet,
der Paean bilde kein Metrum In diesem engeren Sinne
werden p 29 zusammengestellt τὰ μέτρα καὶ τὰ μέλη, καὶ οἱ
λόγοι μέλη bedeutet nicht Melodie, sondern gesungene Gedichte,
weil hier von der Kunst der Wortstellung die Rede ist, die
sich in diesen drei Objecten zeigt μέτρα tritt in Gegensatz
zu μέλη, weil in die recitirte Poesie vortragsweise das Gebiet
der μέτρα ἀπροσόδη ist, während die bunte Mischung verschieden
langer Verse sich nur in solchen Dichtungen findet, die zum
Gesang bestimmt waren Genauer gesagt ist μέτρα, wo es
mit μέλη zusammentrifft, noch etwas enger gefasst als μέτρα
ἀπροσόδη, es bedeutet nur die nicht gesungenen ἀπροσόδη.
Dieselbe Dreiteilung p 54· οἱ γραφόντες μέτρα ἢ μέλη ἢ τὴν

λεγομένων ποίην λέξιν. Μέτρον hier singularisch, in collectivem Sinne.

Von ῥυθμός tritt bei Dionys die concrete Bedeutung des einzelnen Versfusses, die sich schon bei Aristoteles anbahnt, besonders deutlich hervor. p. 106 sagt er ausdrücklich: τὸ αὐτὸ καλεῖ πόδα καὶ ῥυθμόν. In diesem Sinne sind die ῥυθμοί die Bestandteile der μέτρα, umgekehrt wie bei Aristoteles, wo die μέτρα als Teile des ῥυθμός bezeichnet werden; so werden de vi Dem p. 1071 οἱ ῥυθμοί οἱ τὰ μέτρα καταμετροῦντες angeführt, ib. p. 1102 οἱ ῥυθμοί πεφύκασιν ουσιν εἰς τὰ καλούμενα μέτρα. Das ist ein Beispiel dafür, wie von gleichen Grundanschauungen aus sich der Gegensatz dieser beiden Begriffe geradezu umkehren kann. In Bezug auf den Hexameter werden sie zusammengestellt de c. v. p. 137, wo Homer genannt wird μέτρον ἔχων ἐν τοῖς ῥυθμοῖς ὁλίγους, das ist genauer ausgeführt p 138, τοὺς μὲν ἐπιεικεῖς μέτρον οὐκ ἠξίωσε μεταβάλλειν, ἀλλ' ὁλίγην πάντας εἶναι τοὺς στίχους ἑξαμέτρους, οὐδέ γε ῥυθμῶν, ἀλλὰ τοὺς ἀπὸ μακρᾶς ἀρχομένους συλλαβῆς χρήσεται καὶ οὐδὲ τούτοις ἅπασι (nämlich Dactylus, Spondeus, Palmibacchus wie in πλήγηδην ἔτος und Amphimacer wie in Ἄϊδος μόρ. vgl Schol Heph p 165 W f) Auch hier bestätigt sich die Grundanschauung, wornach μέτρον nur den Umfang der Glieder angibt, ῥυθμός sich auf deren innere Gestaltung bezieht. In demselben Sinne wird μέτρον p 213 gebraucht: οἱ τὰ ποιήματα συντιθέντες, ὅταν δουλεύωσι τοῖς στίχοις, τοῖς κάλλεσι δουλαγωγοῦντας ἄλλοτε ἄλλως, δαρχουσιν καὶ ἀφανίζουσι τὴν ἀκρίβειαν τοῦ μέτρου, καὶ ὅταν τὰς παρόδους μεγέθει τε καὶ ἐγχρουσι ποικίλας ποιοῦσιν, αἷς δήποτε διαφθείρουσι τοῦ μέτρου

Aber wir finden bei Dionys zuerst Ansätzen dafür, dass auch ein andrer Sinn in den Gegensatz von ῥυθμός und μέτρον gelegt wurde. Ich schicke voraus, dass Dionys in diesen Fragen durchaus Dilettant ist und sich auch als solchen bekennt. So verschiebt er de vi Dem p 1101 auf jeden eigne Urteil darüber, ob der Pyrrhichius als Versfuss anzuerkennen sei oder nicht: ῥυθμός εἴτ' ἀπὸ δισῶν δεδάμενος συντεταμένην βραχύτητα, ὥσπερ οἴονταί τινες ... εἴτ' ἀπὸ ἐφῶν, während de c. v. p. 106 der Pyrrhichius unbedenklich als Versfuss mit aufgezählt wird. Dieselbe Schlaffheit zeigt er de c. v. p 73: ὁ ῥυθμός

αὐτῶν (scil. τῶν γραμμάτων) ἔστις ἀντίρ, οἱ ψιλίοτ εἶναὶν
ἀναρϑῶς ἐπεὶ πολλῇς παραχὴ καὶ τοῖς περὶ ἡμῶν ἀπορίαν τὸ
πρᾶγμα. οἱ μὲν γὰρ φιλόϑεσμοι εἴναι τρμαννίδαα ... ἡ μὲν οὖν
ἄντῃ τούτων Θεωρία γραμματικῆς τε καὶ μετρικῆς καὶ οἱ βαλ-
λεται τις καὶ φιλοσοφίας εἰμεοτῆς. Solche Stellen sind ein
sicheres Zeichen dafür, dass, wo Dionys zu hierhergehörigen
Fragen klar und bestimmt spricht, er seine Quellen ohne die
Mühe eignen Denkens abgeschrieben hat. Was er eignes hin-
zuthut, unterscheidet sich oft deutlich von solchen Partien
durch Unklarheit und Gedankenlosigkeit. Gedankenlos z. B.
war es, de c. v p 23 Sotadeen als ein μέλος zu bezeichnen, da
doch gerade die Sotadeen ohne μέλος vorgetragen wurden
So ein verwässernder Zusatz nach einer vorangehenden guten
Partie ist der mit ἀμφοῖ γὰρ beginnende Satz de c. v p. 68.
Hier finden wir folgende Worte: οὔτε τὴν αὐτὴν ἔχει δύναμιν,
οὔτ' ἐν λόγοις ψιλοῖς οὔτ' ἐν παιρμαν ἡ μέλεσι διὰ ῥυϑμῶν
ἢ μέτρων κατασκευαζομένοις, κατὰ βραχεῖα καὶ πάλιν παμφα
Es werden also geschieden μέλη (darunter versteht Dionys
selbst, wie es scheint, alle Gedichte, daher auch Sotadeen), die
aus μέτρα und solche, die aus ῥυϑμοί bestehen. Denken wir
bei μέτρα hier an die ἀραιότης, so liegt auf der Hand, dass
unter der zweiten Gattung die lyrischen Compositionen verstanden sind, die zwar eigentlich den ῥυϑμός mit den μέτρα
gemeinsam haben, sich aber eben dadurch von ihnen unterscheiden, dass sie nur Rythmen aufweisen, nicht auch μέτρα
im engeren Sinne. In concreter Bedeutung findet sich μέτρον
und ῥυϑμός in diesem Gegensatz p 24, wo es, nachdem vorher
Hexameter tractiert sind, heisst τὸ δ' αὐτὸ καὶ τοῖς ἄλλοις
ὀλίγου δεῖι πᾶσι συμβέβηκε μέτροις τε καὶ ῥυϑμοῖς. Also
hier findet sich zum ersten Mal ῥυϑμοί in der Bedeutung
lyrische Compositionen im Gegensatz zu μέτρα. Es hat also
eine doppelte Einschränkung stattgefunden; ursprünglich ist
μέτρον sowie ῥυϑμός sowol stichischen als lyrischen Compositionen eigen. Nachdem sich nun μέτρον im engeren Sinne
auf die stichischen zurückgezogen hat, beschränkt sich ῥυϑμός
dementsprechend auf die lyrischen und so bezeichnet einen
Gegensatz der Gattungen, was früher nur einen Gegensatz der
allen Gattungen gemeinsamen Eigenschaften ausdrückte. Dies,

meine ich, ist die Entstehung jenes concreten Gegensatzes, schwerlich die von Christ § 88 behauptete, wonach Rythmen kurzweg statt periodischer Rythmen gesagt sein soll. Er bezog sich ursprünglich nur auf den Umfang der Glieder, später erst suchte man ihn auch im innern Bau der den beiden Gattungen angehörigen Kola nachzuweisen, wie wir sehen werden.

Aus Dionys v Hal erfahren wir nun, dass die ῥυθμικοί und μετρικοί zwei verschiedene Richtungen darstellten. Von den ῥυθμικοί stammt die Messung des kyklischen Anapästs und des Dactylus mit der ἄλογος an Stelle der Länge de c. v. p 109, die μετρικοί wurden genannt als Urheber der Namen Molossus, Baccheus, Hypobaccheus. Es scheint, dass die ῥυθμικοί sich mit der theoretischen Behandlung der Rythmen, mit Messung u. s. w. beschäftigten, die μετρικοί sich die empirische Behandlung des überlieferten Stoffes angelegen sein liessen, daher μετρικοί, weil es ihnen nicht darauf ankam, den Begriff des Rythmus von den μέτρα abzulösen. Wir werden den rythmos noch begegnen und wenden uns zunächst zu einer interessanten Stelle de c. v. c 11 pag. 64 R: ἡ πεζὴ λέξις οὐδενὸς οὔτ' ὀνόματος οὔτε ῥήματος βιάζεται τοὺς χρόνους οὐδὲ μετατίθησιν· ἀλλ' οἵας παρείληφε τῇ φύσει τὰς συλλαβὰς τάς τε μακρὰς καὶ τὰς βραχείας, τοιαύτας φυλάττει. ἡ δὲ ῥυθμικὴ καὶ μουσικὴ μεταβάλλουσιν αὐτὰς μειοῦσαι καὶ αὔξουσαι, ὥστε πολλάκις εἰς τἀναντία μεταχωρεῖν. Was Dionys hier im Auge hat und wie das μειοῦν und αὔξειν zu verstehen ist, ergibt sich aus Vergleichung anderer Aeusserungen. Denn Homer schrieben nämlich die Alten speciell die grösste Willkür in der Behandlung der Silbenquantität zu, vgl Lehrsich Aristarch II 135 f, der eine Hesychstelle a. v. ausmalwurzer erklärt, worin behauptet wird, dass Homer μέτρου κάμου βραχεῖαν als ἐν μακραῖς gebrauche und umgekehrt, und darauf aufmerksam macht, wie die Homerkritik überlieferte Formen, die in crasser Weise gegen die Metrik verstossen, auf dieses Princip hin stehen lässt. Die Alten suchten sich durch Aufstellung der verschiedenen τρόποι der syllaba anceps in diesen Unregelmässigkeiten zurechtzufinden Bekk. anecd 830 und 834 wird der Willkür Homers in der Anwendung der τρόποι der anceps Erwähnung gethan. Nach schol. Heph. p. 131: λαμβάνεται δὲ καὶ δασυνόμενος καὶ ἱλαρῆς

ὅπως τις ἐθέλει διὰ ταῖς ... ις, ist es eben das Vorhandensein
der ..., das die Erlaubnis zu all solchen Freiheiten gibt.
Wenn es nun von der ...ς, ib p. 102 heisst· οὐκ ἔστι, ἀλλὰ
γίνεται· ὅταν γὰρ ἡ χρεία καλέσῃ, ἡ μακρὰ ἢ βραχεῖα ἐστιν, so
wird hier deutlich geschieden zwischen dem sprachlichen Stoff,
der nur Längen und Kürzen kennt, und der rythmischen Verwendung desselben, welche die sprachliche Kürze als Länge
behandelt und umgekehrt, und dadurch erst die ... schafft.
So sind die creticen und palimbaccheen (schol. Heph. pag. 166)
in homerischen Hexametern, wie Ἀΐδηι περ und πλάγχθη ἀπὸ,
nur im sprachlichen Stoff vorhanden, vgl p. 103: μακρὰ ἡ χὰς
και ... αὖ ὅπως ὁ ποιητὴς ἐντάσσῃ τούτων ἡ τῇ πλάγχθη
ἅπερ Τροίης καὶ ἡ τῇ Ἀΐδηι περ ἔπειτα ποθεῖν ὡς βραχεῖα
μετρεῖται καὶ ὅπως οὐκ εἰσὶ εἰσὶ βραχεῖαι, ἀλλὰ και ... γίνονται.
Bekk. an. 822 werden in diesem Sinne Dactylus und Spondeus als
γνήσια πόδες des Herous dem Creteus palimbacchus und
choreos als ... ς Λαμβανόμενοι entgegengesetzt. Denselben
Gegensatz nun bezeichnet Longin p 84 W mit den Ausdrücken
μέτρον und ῥυθμός, indem er sagt: τὰ μέτρα ποιηγούντες ἔχει
τοὺς χρόνους, μακρόν τε καὶ βραχὺν καὶ τὸν μεταξὺ τούτων
τὸν κοινὸν καλούμενοι (also der χρόνος κοινός wird hier dem
μέτρον zugeschrieben, jedenfalls ist κοινός im engern Sinne gemeint, z. B. die syllaba anceps, die aus kurzem Vocal und
Muta cum liquida besteht; denn hier liegt die Unbestimmtheit
schon im Sprachstoff), ὁ δὲ ῥυθμός εἰς ῥυθμὸν ... Klassi τοὺς
χρόνους, πολλάκις γοῦν καὶ τὸν βραχὺν χρόνον ποιεῖ μακρον
(καὶ τὸν μακρὸν βραχύν ist wol hinzuzufügen).   Also er sagt vom
ῥυθμος dasselbe, was Dionys von der ῥυθμική. Ein Unbekannter
bei Athenaeus 14 c. 22 wiederum schreibt dem Umstande, dass
Homer seine Gedichte in Musik gesetzt habe, diese Freiheiten
zu. Aehnlich meinte es Dionys, wenn er neben der ῥυθμικη
auch die μουσική nannt. Aus alledem geht mit Sicherheit
hervor, dass μακράν und αὔξειν nur von der Verwandlung der
Länge in Kürze und umgekehrt, nicht vom Gebrauch von
Messungen, die ausserhalb 1 und 2 Moren liegen, zu verstehen
ist (die Kürze in die Länge verwandeln bedeutet αὔξειν auch
in der αὔξησις, dem Augment, der Grammatiker) Auch μεταβάλλειν bedeutet nichts anderes als die Vertauschung der beiden

Quantitäten (wie Plato Crat. 399 B als ὀξύτητας βαρυτήτας bezeichnet drei ὀξέτας συλλαβῆς βαρεῖαν φθόγγον) Der Gegensatz ist bei Dionys die τάξει λέξις und von der ist doch gewiss nicht zu behaupten, dass sie das Zeitverhältnis 1 : 2 zwischen Länge und Kürze immer innehalte, wol aber, dass sie nicht geradezu eine Länge für eine Kürze gebraucht und umgekehrt. (Rythmos et numeri im Gegensatz zu Rednern auch Cic de or 3, 190) Christ S. 45 führt unsere beiden Stellen (Dionys und Longin) an und führt dann fort: »Allerdings nimmt in der mehrfachen Poesie, die Longin unter der rythmischen im Gegensatz zur metrischen versteht, eine lange Silbe nicht immer die Dauer von zwei Zeiten, sondern mitunter auch von drei, vier und fünf Zeiten ein etc.« Von mehrfacher Poesie ist hier nicht die Rede, sondern vor allen von den prosodischen Freiheiten der epischen Poesie. Auf diese bezog unsere Stelle schon mit Recht Kirchhof in einem Programm von Altona 1870 Dass Dionys selbst nicht recht verstanden hat, was er ausschreibt, beweist der ganze schiefe Zusatz: οὐ γὰρ ταῖς συλλαβαῖς διατεθεῖσαι τοὺς χρόνους, ἀλλὰ ταῖς χρόνοις τὰς συλλαβάς. Denn das kann nicht vom lebendigen Vortrag im Gegensatz zum metrischen Stoff gesagt werden, sondern es gilt von der rythmischen Theorie, wie sie Aristoxenus begründet hat, der den χρόνος zum Maass des rythmus machte, im Gegensatz zur Metrik, die mit den Silben als Masseinheiten operirt

Nun ist noch eine andere Stelle bei Dionys ins Auge zu fassen, die oft mit dieser zusammengebracht worden, aber ganz anderen Charakters ist Es heisst c 15 p. 85 L: μήκους καὶ βραχύτητος συλλαβῶν οὐ μία φύσις, ἀλλὰ καὶ μακροτέρας εἰσὶ ὧν τὰς μακρὰς καὶ βραχυτέρας τῶν βραχειῶν Dann wird auseinandergesetzt, wie durch Hinzutritt von Consonanten die Länge einer Silbe wächst, wie das die ersten Silben der vier Worte ὅδος Ῥόδος τρόπος στρόφος in ihrem Verhältnis zu einander zeigen, ebenso ξ im Verhältnis zu σπλῆν. Genauere Bestimmungen gibt Longin p. 93 W: ως ist 2½ morig, es hat 2 Moren, ς eine halbe, jeder Consonant misst eine halbe Mora Zum Schluss heisst es bei Dionys αὐτίκα δὲ ἥτις ἀετὶ τοῦ μήκι ταῖς μακραῖς δαψιλέστεραι τῶν βραχειῶν γίνεσι, μέχρι γραμμάτων διὰ μεμετρημένας (Uphon wollte πόντι schreiben wegen σπλῆς, doch

es kann auch an ein Wort wie βραχύ gedacht sein), μύσει
τὰς βραχείας, οἷς ἢ εἰτὰ μᾶλλον γραμμάτων συστελλομένας,
διατετρων τὰς βραχύτητος, ἀλλὰ μάντως ὁ διπλασίας λόγῳ
διαμφαδίαν τὰς βραχειᾶν, καὶ ταύτας ὁ θρίσσι τῶν μακρῶν,
οὐκ ἐλαγαέτον ἐν τῇ ποσότει συνισίδ· Also es ist nicht von
rythmischen Dehnungen und Kürzungen die Rede, sondern im
Gegenteil zeigt der Rythmus in unserm Fall darin eine gewisse
Willkür, dass er gewisse Silben als gleich behandelt, obwol die
Zeit, die sie zum Vortrag erfordern, eigentlich eine Verschiedenheit der Messung erfordern würde

Auffällig ist nur der Ausdruck βραχυτέραν τὰν βραχειᾶν.
Da gleich nachher der Vocal ε als das Mass einer βραχεῖα bezeichnet wird, also 1 Mora, so könnte man denken, es wäre
von Silben die Rede, die weniger als eine Mora messen Dies
bewog Kirchhof (Progr von Altona 1870 S 86) dem den
Genitiv als einen partitiven zu fassen, aber dem steht entgegen
der Ausdruck der lateinischen Metriker: brevi breviores, so
Mar. Vict. p 39 Vielmehr bedeutet βραχυτέραν τὰν βραχειᾶν,
dass es unter den Kürzen solche gibt, die kürzer sind als andre,
womit nicht ausgeschlossen ist, dass diejenigen, die auch
sprachlich nur eine Mora haben, in Wirklichkeit die aller-
kürzesten sind. Wir können ähnliche Ausdrucksweisen vergleichen. So wenn bei Dionysios Thrax § 6 von den Vocalen
α ι υ gesagt wird συστέλλεται und συστέλλεται, so hat die
συστολή nur einen Sinn als Gegensatz zu dem langgebrauchten
Vocal; es handelt sich nicht um eine Bewegung vom Normalen
nach zwei Seiten hin, sondern es ist nur von zwei Stufen die
Rede, der Ausdruck ist reciprok, in gleichem Sinne ist bei
Hephaestion c. 1 von einem βραχυτέρου βραχὺ die Rede,
wofür Dionys v Hal de c. v p 85 genauer βραχύτερον βραχει-
οτέρου sagt. Bei Pacilius § 1: ἥσσον μετοχαὶ τῆς βραχεῖαν
χρόνος, ἐπιλάσσει δὲ τῆς μακρᾶς, ist auch nicht an drei Stufen
½ 1 2 zu denken, sondern der χρόνος, der als Mass dient, ist
jedesmal die Quantität der entgegengesetzten Stufe

So bedeuten auch bei Dionys die βραχύτεραι τᾶι βραχειᾶι
nicht eine Verkürzung unter die Norm, sondern die normale
Stufe selbst erscheint als Kürzung im Gegensatz zu ihrer Verlängerung Dies besagt Dionys selbst ausdrücklich; so sagt

er p 37 von der ersten Silbe des Wortes συρριξει· τρισι αφτη προςδρεμας ἀποσπασεις μαραμειαρα γενησεται τῆς βραχνταιης, also ο, eine Mora, ist die βραχνταιη. Ebenso lehrt der Ausdruck βραχγειαν εις ἐν ἀπὸ πολλῶν γραμματων συστελλεσθαι αν p 38, dass die συστολη nur von der Verlängerung aus gedacht ist und nicht unter eine Mora herabgeht

Es ist von zwei ganz verschiedenen Dingen an den beiden Stellen des Dionys die Rede, an der ersten von prosodischen Freiheiten, wobei der ῥυθμοποιος mit dem Sprachstoff willkürlich umgeht, an der zweiten von Verschiedenheiten im Sprachstoff, die im Rythmus unberücksichtigt bleiben. Nun gibt Longin p 93 W an, dass die ῥυθμικοι Silben von 2½ 3 und mehr χρονων stationeren, im Gegensatz zu den μετρικοι oder γραμματικοι, welche alle Längen zweimorig messen Ebenso heisst es p. 98. es gäbe eine παυσις τρίχρονος ἡ και πλειόνων χρονων, der μετρικὸς λόγος aber οὔτε ἡσσονα μονοχρόνου οὐδὲν οὔτε μείζονα διχρονου. Marius Victorinus aber p. 39 K schreibt die longis longiores und brevibus breviores den musici, weiter unten den musici und rythmici zu. Da nun Dionys an der erstgenannten Stelle gerade die μουσικας und ῥυθμους für die willkürliche Behandlung der sprachlich gegebenen Quantität verantwortlich macht, so ist die Aehnlichkeit zu verführerisch; man könnte denken, die Musici und rythmici seien diejenigen, welche die im lebendigen Vortrag angewandten Messungen beobachtet hätten, im Gegensatz zu den am geschriebenen Text klebenden Metrici

Marius Victorinus selbst allerdings (oder vielmehr Aphthonius) hat an rythmische Licenzen gedacht, wenn er sagt: Musici qui temporum arbitrio syllabas constituunt in rythmicis modulationibus aut lyricis cantionibus per circuitum longius extentae pronuntiationis tam longis longiores, quam rursus per correptionem breviores brevibus proferunt. Westphal Rythm. 3. Aufl S 296 folgert aus dieser Stelle, »dass in der melischen Poesie auch eine verlängerte Länge und eine verkürzte Kürze üblich sei. Mit Recht, wenn Aphthonius als zuverlässiger Zeuge gelten darf, aber es scheint, dass hier die Musici als Theoretiker (so in dem vorhergehenden Satze: Musici — brevi breviorem et l. l. dicunt posse fieri) und die ausübenden

Musiker (Musici — profitant) zusammengeworfen sind, ebenso die φορμαί im Sinne melischer Poesie und die rythmici als Theoretiker, auf welche der Besatz qui temporum arbitrio syllabas·constituunt passen würde (vgl Dionys v Hal c. 11 χρωται ἀκριθώσεσιν ταῖς συλλαβῆς scil. φυθμικι und μουσικη); dass also nur durch Verwechslung diese Messungen gerade in die melische Poesie gekommen sind. Aphthonius selbst sucht die beiden Dinge zu vereinigen· adserunt etiam exempla, quae in metricis pedibus secum faciant, adserentes accessione consonantium momenta temporum crescere. Also die lyrischen Dichter sollen sich auf diese grammatischen Grössenverschiedenheiten der Silben berufen haben, um ihr Verfahren, die Silben ohne Rücksicht auf ihre Beschaffenheit nach Belieben zu dehnen und zu kürzen, damit zu rechtfertigen? Freilich liegt ein ähnlicher Gedanke (s. Christ S. 97) der Dissertation von Reiter, de syllabarum in trisemam longitudinem productarum usu Aeschyleo et Sophocleo, Wien 1887, zu Grunde, welcher nachzuweisen sucht, dass bei den genannten Tragikern grammatisch überlange Silben vorzugsweise zum Sitz rythmischer Dehnungen gewählt worden seien. Der Beweis ist ihm aber nicht gelungen.

Sehen wir uns um, wer eigentlich die Musici sind. Wenn Christ S 7 sagt: Die alten »Musiker« machten darauf aufmerksam, dass nicht alle langen Silben gleich lang sind, so ist der Ausdruck hier irreführend. Zu eng gefasst ist es auch, wenn Westphal Rythm S. 1 μουσικός erklärt einerseits als Virtuosen, andrerseits Vertreter der musikalischen Theorie.

Bedenken wir, dass der Begriff der μουσικη τεχνη sich weit über das Gebiet der musischen Künste hinaus ausgedehnt hat. Bei Aristophanes Eqs 188 sagt der Wursthändler: οὐδὲ μουσικην ἐπίσταμαι πλην γραμμάτων, es bedeutet also μουσικη geistige Bildung überhaupt; Quintilian 1, 10, 17 berichtet, dass nach Archytas und Aristoxenus die Grammatik einen Teil der musica bildete. Bei Plato Protag 340 A wird die synonymische Wissenschaft des Prodikos als μουσικη bezeichnet (τί ᾗς μουσικῆς ἦ το τε βούλεσθαι καὶ ἐπιθυμεῖν διαιρεῖς ἢς οὐ ταὐτὸν ὄν); Sokrates deutete den Traum, der ihm befahl μουσικην ποιει καὶ ἐργάζου, dahin aus ἡς φιλοσοφίας μὲν οὔσης μεγίστης μουσικης, ἐμοῦ δὲ τοῦτο πράττοντος (Phaedo

61 A) und setzt dem entgegen die Musik im engern Sinne als ἐναντίης μουσική, zu welcher das Vernehmen gehört, und im Kratylos 406 A wird der Name der Musen und der μουσική abgeleitet ἀπὸ τοῦ μῶσθαι καὶ τῆς ζητήσεως τε καὶ φιλοσοφίας. Nach Strabo 10, 3, 10 haben schon die Pythagoreer die Philosophie als μουσική bezeichnet.

Derselbe Bedeutungsübergang von der engeren Beziehung auf die eigentlich musischen Künste zu der Bezeichnung aller höheren geistigen Thätigkeit scheint bei dem Worte σοφός und σοφία stattgefunden zu haben. Von Musik und Gesang gebraucht σοφίη Theognis 942, ebenso sagt Solon 13, 62 bei der Aufzählung der verschiedenen Berufsarten vom Dichter: ἄλλος Ὀλυμπιάδων Μουσέων παρὰ δῶρα διδαχθεὶς ἱμερτῆς σοφίης μέτρον ἐπιστάμενος. Pindar P 1, 13 bezeichnet Apollo's Spiel und den Gesang der Musen als ἀοιδὰν σοφία βαθυ-μῆτι τε Μοισᾶν. Bei Simonides frg 148 wird der Chor als σοφοὶ δαιδαί bezeichnet, ebenso heisst der Chor in einem anonymen Dichterfragment bei Plutarch non posse suav c. 13, 6: σίγωντα μελωδεῖ ἐκπρέπεαν ἀγλαίαισιν διὰ στομάτων ἐρίζουσι. Poetische und musische Virtuosität bezeichnet als σοφία Plato rep 3, 398 A· ἄνδρα δυνάμενον ὑπὸ σοφίας παντοδαπὸν γίγνεσθαι καὶ μιμεῖσθαι πάντα χρήματα, εἰ ἡμῖν ἀφίκοιτο εἰς τὴν πόλιν αὐτός τε καὶ τὰ ποιήματα βουλόμενος ἐπιδείξασθαι . Der ὀρχηστής wird als χειρόσοφος bezeichnet bei Lucian de salt. c. 69 und rhet. praec c 18; noch öfter finden wir die σοφία auf Instrumentalmusik angewendet, so spricht Babrius 9, 1 von σοφῆς αὐλοῦ. Pollux erwähnt als Epitheta des Aulos: σοφὸς ἁρμόσας δοκεῖς. Sogar das Instrument selbst erhielt dies Epitheton. Amphis im 'Dithyrambos' nennt den μαγάδις, eine Flötenart, σοφωτάτη, und Alexander von Cythere hat nach Athenaeus 4, c 61 ein Psalterium der Artemis geweiht als σοφωτάτου τῆς ἑαυτοῦ σοφίης. Telestes Argo frg 1 nennt den αὐλὸς σοφός.

Desgleichen bedeutet σοφιστής Dichter und Musiker. Athenaeus sagt 14 c 32, die Alten hätten πάντας τοὺς περὶ γραμματικὴν ἢ μουσικὴν σοφιστὰς genannt. Dichter heissen so bei Pindar I 5, 28; desgleichen bei Kratin in den Archiloch frg 2, wozu Kock noch Eupolis frg 447 und Plato frg 140 citiert.

Lampros betml beim Komiker Phrynichos σοφώτατος Nach Athen 14, 15 heißen σοφιστα auch die Musiker bei den Volksfesten. Ein σοφίστης σοφιστης ist bei der Totenklage zugegen bei Lucian de luctu 20 und in gleichem Sinne ist σ γοητης im Rhesos v. 949 gebraucht. Speer-ll bedeutet σοφιστη τους μετα μελεμας ειδοντας nach Hesych. So bei Aeschylus frg 330 ωδ' σ' οδτ σοφιστης μαγτα παρασκησων χιλον, Sophokles frg 966. Anaxandridas im Hercules nach Athen 14, 43. Daher Euripides frg 188 von des Amphion σοφισματα spricht. Die Erklärung bei Teuffel-Köhler zu Ar nub. 831 (wo unter den σοφιστων unter andern die mullion ψαφον ψαματασμυττα aufgezählt werden) »wegen des gewerbsmäßigen Betriebes ihrer σοφία gehören zu den σοφιστων ausser den Philosophen und Rhetoren auch ποιηται, αυλητου u. a. w., Ath 14, 632c: παντας τους χρωμενους τη μουσικη σοφιστας εκαλεσαντα, ist daher nicht richtig. Vielmehr bezieht sich σοφος ursprünglich auf technische Fertigkeit, formale Gewandtheit — auch die bildenden Künste können Gegenstand der σοφια in diesem Sinne sein, daher sagt Plato Protag 312 C von den ζωγραφοι und τεκτονες, dass auch sie των σοφων επιστημονες seien und zwar των προς την απεργασιαν της των ειδωνων, vgl Ar nub. 877. Sophokles frg grass· ειδος γε σα σωφιλον εν τουτοισι δικασται ειδωισ εικης ουκ σ' δηλωσω —; σοφισται sind die Leute, die solche Fertigkeit teils besitzen und ausüben, teils andern mitteilen; die edlere, vergeistigte Bedeutung von σοφος und σοφια ist erst die spätere. Absichtlich zu spielen mit dem Doppelsinn des Wortes scheint Plato im Jon 532 D, wo auf Ions Wort: χαιρω ακουων υμων των σοφων Sokrates antwortet: σοφοι μεν που ποτε εστε υμεις οι ραφωδοι και οι υποκριται και ων υμεις ειχετα τα ποιηματα, εγω δε ουδεν αλλο η ταληθη λεγω, οιον εικος ιδιωτην ανθρωπον

Aber während bei σοφια die geistige, weitere Bedeutung zur Herrschaft gelangt ist, erscheint sie bei μουσικη mehr als Ausnahme. Doch scheinen die Musen, mit denen wir hier zu thun haben, ihren Namen an diese weitere Bedeutung zu knüpfen, als die Männer, welche Fragen, die die Grammatiker, Metriker u s w äusserlich behandeln, von höherem wissenschaftlichen Standpunkt aus betrachten, wie z B meinem Scholion zu Dionysios Thrax zu § 6 nach einer empirisch-statistischen Bemerkung des regimes mit den Worten μὴ ἴσως τάχα μια αισθησεως eine lautphysiologisch tiefere Begründung der betreffenden Erscheinung angeloistet wird. Die Metrik ist die subsummierende Behandlung aller früher zur rythmischen Disciplin gehörigen Fragen — darunter der Lautlehre, die ja auch bei Aristoteles zu den μετρικα gehört —, im Gegensatz zur philosophischen. Daher Dionys von Hal de c. v. p 74 sagt. ἡ αὐτὴ τεχνη (die Frage nach der Anzahl der ενεργεια) ζητεῖ γραμματικη τε και μετρικη, εἰ δὲ βουλεται εαε, και φιλοσοφια επιστηται. Die letzten Worte gehen auf unsere μετρικη.

Wir finden ihnen dann eine Menge Dinge zugeschrieben, die mit Musik in engerem Sinne nichts zu thun haben. So schreibt ihnen Mar Victorinus die Bezeichnung Dynamis zu, nach Bekk. an p 713 erfanden sie die Zeichen der Spiritus, nach ib. p 756 bezeichnen sie als ρυσις, was die Grammatiker προσωδιαν nennen, also sie beschäftigen sich mit grammatischen Dingen, aber im Gegensatz zu den am äusseren Zeichen klebenden Grammatikern suchen sie auf den Grund der Sache einzugehen. Nach Bekk. an p 685 begründen die μετρικοι die Bezeichnungen »hoch« und »tief«. Dass sie sich bis zu Spitzfindigkeiten versteigen, zeigt die Bemerkung über das ι subscriptum Bekk. an 1186 (von Blass Aussprache 3 Aufl S 49 citiert)· ταχιστου εστι, αλλ' ου φθεγγεται [1].

Nun sind uns eine Reihe Messungen überliefert, die ganz im Geiste diesen ταχιστου εστι, αλλ' ου φθεγγεται, vorhanden und doch nicht vorhanden, gehalten sind. So werden Bekk an 804 die Diphthonge ει und ου anderthalbmorig genommen wegen ihres Verhaltens in der Sehnaamthe zum Wortaccent, ib 797 wird behauptet, η sei länger als ε, weil in μετρεον der Accent auf der drittletzten Silbe steht. Daselbst findet sich ein interessanter Disput zwischen Apollonius und Herodian. Apollonius hatte behauptet, ε sei kürzer als η, weil es für den Accent kurz sein könne, η

---

[1] Auch bei Choeroboscus Bekk. an 713 und 715. οι μελωδε .... ωσι λίγουσι μετρικοι και ἡ δυναμις και ἡ ψαλη τοτε ψωμησιν ακουουσιν, και δι ἡ γαρ αυτη λίγουσι δουλη, τοτε τὴν γραμματικην ἡ φθεγγεται μενουσα δυναμ συτεν .. — erscheinet die μουσα als eine Kunst, vermöge deren man anfangt, was doch in der Aussprache nicht mehr zu hören war

dagegen nicht; Herodian behauptete das Gegenteil, weil der
Vocativ ein *ι* zeige gegen ein *ε* des Nominativs und der Vocal
des Vocativs ist entweder gleich oder kürzer als der des Nominativs.
Also lauter Messungen, die nur als Erklärungsmittel dienen
und gar nicht wirklich vorhandene Quantitäten anzeigen; von
dem Längenunterschied zwischen *ι* und *ε* wird man auch haben
sagen können, *λογῳ εἶναι, ἀλλ' οὐκ ἡσθησθαι*. Einem solchen
latenten *μέγεθος*, das sich nur in seinen Wirkungen zeigt,
begegnen wir schol. Heph p. 93 (= Choeroboscus pag 36
Hörschelm.) *ἴσασι ὅτι παρὰ τοῖς μετρικοῖς* (*μουσικοῖς* schreibt
dafür mit Recht Hörschelmann, de Dionysii Thracis interpr
vet. p 53 nach schol Dion. Thr. Bekk. an p 831: *οἱ μουσικοὶ
ἐπὶ τῶν συλλαβῶν τῶν ἐχουσῶν τὰς ὀξείας ὡς ἐπὶ τὸ πλεῖστον
ἁμβραδὶς οὖσι τοῖς προσῳδίαις*) [1]) *ἡ ὀξεῖα ἐν σωμάτῃ συλλαβῇ μείζων
ἐστὶ τῆς βαρείας ἀρει τε, οἷαι ἡ λας συλλαβῇ ἢ ἡ τοι μᾶλλον μείζων
ἐστὶ τῆς ἐν τῇ γλας*. Und weiterhin wird behauptet, die
syllaba acuta sei grösser, wenn auf dieselbe eine enclitica folge;
hier ist vielleicht an die grössere Kraft des Accents gedacht,
die das folgende Wort mit beherrscht; jedenfalls nicht an
rythmische Messungen. p 116 wird diese längende Kraft des
Acuts zur Erklärung des Vermangganges *αἰόλον ὄφει* (M 208)
benutzt. Liegt vielleicht ursprünglich die Beobachtung zu
Grunde, dass die Betonung einer Silbe derselben beim Sprechen
unwillkürlich etwas an Quantität zusetzt, wie die Worte p. 116
vermuten lassen: *διὰ γὰρ ἡ ὀξεῖα διὰ ταει ἀμουρη τῆ γαι ἡ* . . . .
τῆς βραχείας ἀναμιλιωθῆναι εἰς ὑπερογεν (so statt des überlieferten *ἰσόγεν* nach dem Scholiasten zu Dion Thrax Hörschelmann p 61) *ταύτῃ* (in nachclassischer Zeit wird dies noch mehr
hervorgetreten sein, als der exspiratorische Charakter des Accents
dem musikalischen gegenüber allmälig mehr zur Geltung kam),
— so zeigen doch die dazwischenstehenden Worte *καὶ αὐτῇ
τῆ θέσει καὶ διατονίαν τοῦ χαρακτῆρος λοιπῆς* (* man denke
an den Apex *) für eine ganz geistlose mechanische Handhabung
des so aufgestellten Gesetzes, und eine solche liegt auch vor,

1) Auch dieser auffälligen Notiz liegt sicherlich die schon von Aphthonius begegnende Vermischung der verschiedenen Bedeutungen von
μεῖ und *εν* zu Grunde.

wenn man sogar dem Acut der vorhergehenden und der folgenden Silbe längende Kraft beimaß, also die Länge der zweiten Silbe von τύρας (*76*) vor Vocal dem Acut der ersten, die der zweiten Silbe von ἄνω in ἀνά Φότι dem Acut von Φότι zu verdanken meinte (schol Heph. *th*). Mit Beziehung auf diese selbe würden ὄγκι man sagt Joh Sikeliota (bei Walz rhetores VI p 490, die Stelle wird von Caesar, Grdz der Rythmik S 90 erörtert): πᾶσα προσῳδία καὶ πᾶσα στιγμή βαρύτερα μακρᾶς τῶν καὶ μακρᾶς βαρύτερα αἱ διὰ προσῳδῆς ἐκφέρεσθαι ἐθισθῆναι. Also die μονοική' — die höhere Betrachtung solcher Erscheinungen — ist es, die in den prosodischen Zeichen und Interpunktionen solche geheimnissvolle Kräfte entdeckt. Auf einer ganz mechanischen Proportion beruht es, wenn Bekk. an p. 821 als μακραὶ τέχγονται die Anfangssilben von ἧδου und ᾠδῶν angeführt werden; gleichwie der kurze Vocal durch das Augment um eine More wachst, so müsse das, meinten sie, auch beim langen Vocal und Diphthong der Fall sein. Vom Standpunkt der rythmischen Länge aus widersprach Apollonius diesem Ansatz: die Länge könne nicht wachsen (Steinthal, Gesch der Sprachwissensch S. 554). Dasselbe Rechenexempel stellen diese munci — wenn auch nicht genannt — bei Quintilian 9, 4, 93 f. an: neque enim ego ignaro, in fine pro longa accipi brevem, quod videtur aliquid vacante tempori ex eo, quod insequitur (d i der Schlusspause), accedere (wir erkennen hier die varronisch-augustinische Methode s u.): mirus tamen consulens meus intelligo multum referre verene longa sit, quae cludit, an pro longa neque vnum tam plenum est ,dicere incipentium tmserd' quam illud suvus est confiteri' atqui si nihil refert, brevis an longa sit ultima, idem pos erit, verum nescio quomodo sedebit hoc, illud subesbet quo modo quidam longae ultimae tria tempora dederunt, ut illud tempus, quod brevis ex longa (? ex loco Spalding) accipit, huic quoque accederet. Also consisten — ⏑ — ‖ — gemessen, was doch gewiss keinen rythmischen Werth hat. Denselben Charakter zeigen die προσῳδαί in dem, was Dionys de vi Demosth p 1069 mittheilt, wo sie allerdings mit den μετρικοὶ zusammengestellt werden. Wenn zwei aufeinanderfolgende Worte Hiatus bilden, so liegt ein μέσος dazwischen: δεδιὼς ναὶ γὰρ ἦν δεινὰ τι μοναρχία καὶ μετρικὴ ὁ διὰ μέσου τῶν φωνηέντων χρόνος ἑτέραν παρεμβολῇ γραμμάτων ἐμφανῶν διαπληροῦσθαι δυναμισος. Also nicht aus der lebendigen Beobachtung, dass der Hiatus beim Vortrage eine kleine Pause bedingt, schöpften sie ihre Bemerkung, sondern aus einer Berechnung: weil durch Dazwischentreten eines Consonanten (ἐμφανῶν ist unverständig, die ἄφωνα heissen demselben Donat) zwischen die beiden Vocale deren Quantität nicht wächst, so muss der χρόνος für diesen Consonanten bereits vorhanden sein.

Dass wir es auch bei dem von Dionys besprochenen Quantitätszuwachs in ὁδός ῥόδος ῥῶπος σπρῶτος mit jener den Mustei eigenthümlichen latenten Quantität zu thun haben, die noch erst in ihren Wirkungen offenbart, lehrt deutlich die Auseinandersetzung des Quintilian 9, 4, 85. in dimensione pedum syllaba, quae est brevis, insequente vel brevi alia, quae tamen duas primas consonantes habeat, fit longa, ut. agrestem tenui musam meditaris avena. A brevis, gre brevi, fecit tamen longam priorem. Dedit igitur illi aliquid ex suo tempore: quo modo, nisi habeat plus, quam quae brevissima, qualis ipsa esset detractis consonantibus? [1]).

Diese Consonantenmessungen werden bei Longin p. 92 W den ῥυθμικοῖς zugeschrieben. Noch ein paar Belege dafür, dass die Musici und die Rythmici dieselben Leute sind. Marius Victorinus schreibt den musici Fussbenennungen zu, z. B p. 93: ionicus minor, quem musici ἄρσιν ἑλάττονος vocant. Hermogenes de id p. 196 W. erklärt sie für eine Äusserung über den ersten Rythmus, dessen Begriff Aristoxenus begründet hat. »Wenn wir nicht zuerst vom Rythmus sprechen«, sagt er, ἐπὰν δὲ ἡμεῖς παίδας μουσικὴν διδασκώμεθα... δεῖ ἐσθῆτα γὰρ ἡγεῖσθαι τῶν ῥυθμῶν καὶ μεθ' ἑαυτὸν ποιεῖ ἕλκος ἀναρρῆξαι φωνῆς, ἡλίκον

---

1) Westphal III° 1, so behauptet mit Unrecht, die Messungen der Consonanten beruhen sich bloss auf dem Instrumentarium, dem widersprechen die Beispiele des Dionys. Wenn Westphal damit eine höhere Betrachtung der Sprache in diesen Anstellungen erkennt und Hartel's Urteil ansieht, der (Hom. Studien i 42) über die Feinheit der Wahrnehmung stammt, so denken wir über die Musiker anders, sie entnehmen ihre Ansätze einer sehr einfachen Berechnung: kurzer Vocal mit 2 Consonanten macht so viel wie langer Vocal oben, folglich der Consonant ¼ Korne

nothing... Umgekehrt werden die ῥυθμοί für
eine musikalische Bemerkung citiert beim Anon Ambros in
Studemunds Anecd. I p 229: ῥυθμῶν οἱ ῥυθμοί τὰ τοῖς
ῥυθμοῖς μέτρον ...

Es sind also diese Musici und Rythmici offenbar für an
Aristoxenus Studien anknüpfenden Gelehrten, die das gesammte
Gebiet der Μουσικη, im weitesten Sinne zu umfassen und in
wissenschaftlicherer Weise zu bearbeiten suchten, als die blossen
Empiriker, die γραμματικοι und μετρικοί. In der logisch mathematischen Methode, die wir an den Musen kennen gelernt haben,
athmet der Geist der aristoxenischen Rythmik

Um auf Dionys zurückzukommen, so begegnen wir auch
in der zweiten Hälfte des 15ten Capitels den Spuren der Musici.
Es ist da die Rede von den ἴχνη, d h. dem höheren oder
geringeren Grad von Wohlklang, den die Silben p. nach der
Beschaffenheit der Laute haben, aus denen sie bestehen; es
entstehen dadurch gewisse μαλακαί und σκληραί, λεῖαι und
τραχεῖαι etc. Demetrius de elocut § 176 berichtet: περὶ τοῖς
μουσικῆς λέγεται τι δίαιραν λεῖαι und τραχεῖ τραχυ etc. Nun
wird auch in dem von den Lauten handelnden 14ten Capitel,
wo Aristoxenus von Dionys selbst als Quelle genannt wird,
überall auf den Wohlklang Rücksicht genommen Wie in c. 15
unter den Silben γλυκυτεραι σωσαι τὴν ἀποήν und τραχυτεραι genannt werden, so heisst es in c 14 von den Halbvocalen:
διαιραται οὐχ ὁμοίως αι τοῖς τας ἀποήν ἀκαιρτα ἡδεῖαι μὲν γαρ
αὐτῶν τε λ και δετι τας ἡμιφωλα τε πλεισταταν τραχυτερα δε τὸ ρ.
Es liegt also nahe, auch jene Partie von dem verschiedenen
Klang der Silben dem μουσικος Aristoxenus zuzuschreiben, und
ebenso die dazwischen liegende Partie über die Messung der
in ihrem Consonantenbestand zunehmenden Silben Doch müssen
wir des Aristoxenus Eigentum überall wol ausscheiden So
wird im Anfang des 14. Capitels nach Aristoxenus mitgeteilt,
die Laute zerfielen in Vocale und φθόγοι, die letzteren wieder
in ἡμιφωνα und ἄφωνα Wenn Dionys dann fortfährt: οἱ δὲ
φωνηεντα... etc und dieselben Teile, aber als drei einander
coordinierte nennt, so kann das nicht ebenfalls aus Aristoxenus
stammen; noch weniger die folgende schon oben berührte
Partie: ὁ ἀριθμος αὐτῶν (sc. τῶν γραμματων) ὅστις ἐστιν, οἱ

ψιλοον είναι δηφέλκ etc., wo Dionys seiner eignen Unsicherheit und Urteilslosigkeit Ausdruck gibt. Die Auseinandersetzung über das Lauten selbst aber ist klar und wolgeordnet und des Aristoxenus würdig. Die Partie über die συγκρισεων των συγκριτων und μεταθεσεων των μεταθεσ im 15. Capitel ist nun auch knapp und klar bis zu den Worten, ως διαγνωσιν εν τη παροντι εαυτης. Der darauf folgende Satz: σημου γαρ ετι kennzeichnet sich durch Ueberflüssigkeit und nichtssagende Weitschweifigkeit als eignes Produkt des Dionys.

In der Ansicht, dass wir es auch hier mit Aristoxenus zu thun haben, bestärkt uns ein kleiner Umstand. In der Harmonik § 26 spricht Aristoxenus von der Bewegung der Stimme innerhalb des Tongebietes — die Stelle wird von Westphal Rythmik s. 49 f. und Allg. Metrik Abt. 1, S 1—11 besprochen und gegen Weils Kritik falsch erklärt —; er scheidet da die empirisch-musikalische Betrachtung, der das Tongebiet als eine Linie erscheint, auf deren einzelnen Punkten die Stimme verweilt, von der physikalischen, derzufolge der Ton nur in einer Bewegung bestehen kann, es heisst da, ob es möglich ist, dass die Stimme sich von einer Tonstufe zur anderen bewege und dann eine Zeit lang auf einer Stufe verharre, das gehört nicht hierher, δεομης εστι σαφηνεις και προς της διαστασεις τραγματειαν ως διαγνωσεν. Dieser Ausdruck erinnert lebhaft an den Schluss unsres Fragments, ως διαγνωσεν εν τη παροντι εαυτων, so dass man glaubt auch hier den Aristoxenus selbst sprechen zu hören. Es werden hier ebenfalls zwei Betrachtungsweisen von einander geschieden, die grammatische Messung und die metrische. In Longinu proleg p 92 W werden diese zwei Arten der Quantität als ποσοτης und ποιοτης της ποσοτητος geschieden. οι παλαιγραμματειτες της ποιητικης λεξεως δ συλλαβας τα στοιχεια ουδ εν παρεχει μεταμορφοδντες τους χρονους, αλλα τη ποιωμεν της ποσοτητος. Dem Metriker erscheint also die grammatische Messung als παλαιγραμμοτικη. M Vict p 39 gebraucht für ποσοτης und ποιοτης spatium und ratio, letzteres entspricht dem λογος des D. Hal, d i der λογος μεγεθος, der immer 1 : 2 bleibt. Die Stelle des Aristoxenus stammt gewiss aus dem ersten Buch der Rythmik, wohin Westphal Rythmik S. 58 das 14te Capitel verweist, s. o. Dagegen von der ryth-

mischen *ἀδιαφόρος* der Sprachsilben, die mit den von der Sprache
selbst gebotenen Quantitäten nicht übereinstimmt, konnte erst
im dritten Buch die Rede sein, daher das vorläufig abweichende
oder *ἀναγκαῖον ἐν τῇ παρούσῃ ἐννοίᾳ*. Diese besonnene
Trennung steht in wohlthätigem Gegensatz zu des Aphthonius
Redensart· haec scrupulositas nossem et rythmicis relinquatur.
Denn Aphthonius warf eben alles durcheinander, und darin
folgt ihm Westphal, dessen Behandlung der Silbenquantitäten
Rythm S. 294 f und Allg Motrik Abt. 1 S. 367 als Muster-
sammlung für den Missbrauch rythmischer Termini dienen kann.

Als Beleg für rythmische Auffassung der über die Grösse
von 1 und 2 Moren hinausgehenden Messungen verwendet
Westphal Rythm S. 64 auch das Fragment bei Psellus § 1.
Die Silbe kann nicht Mass des Rythmus sein, weil sie nicht
eine sich gleich bleibende Zeiträume darstellt. *μεγέθη μὲν γὰρ
ἔχει ἡ οὐ δεῖ ἰσὰ εἶναι μετέχουσιν αἱ συλλαβαί, λόγον μέντοι
τὸν αὐτὸν διὰ τὸ μεγέθη· ἥμισυ μὲν γὰρ μετέχειν τὴν
βραχεῖαν χρόνου, διπλάσιον δὲ τὴν μακράν.* Also genau das
Gegenteil von dem, was Westphal herausliest; die Alogie ist
dabei ausser Acht gelassen. Es könnte zu trivial erscheinen,
dass uns Aristoxenus darüber eigens belehrt, die Silben seien
einander nicht gleich, weil es lange und kurze gibt, und das
scheint Westphal bewogen zu haben, hier noch etwas Beson-
deres zu suchen. Aber es ist das immer so, wenn eine Theorie
neu geschaffen wird, dass gewisse Grundanschauungen aus-
führlich beleuchtet werden müssen, die uns Spätgebornen so
selbstverständlich erscheinen, als ob es nie einer Belehrung
bedurft hätte.

Unsere Musen-Rythmen begegnen uns auch im 14ten Capitel
des Dionys und zwar als Urheber der sogenannten kyklischen
Messung des Dactylus p 109. Es liegt hier nicht Aristoxenus
zu Grunde (wie Westphal, Rythm S 53 meinte), sondern
spätere *ῥυθμικοί* (so Westphal, seine Ansicht verbessernd,
Allg. Metrik Abt. 1 S. 13), da der Pyrrhichius als Fuss und
der Name *ῥυθμός* für *πούς* dem Aristoxenus fremd sind. Was
diese Dactylen mit der *συλλαβῇ ἀλόγῳ* an Stelle der Länge
betrifft, so leitet Westphal Rythm 49 f, Allg Motr 13 f diese
Messung aus der Beobachtung des recitirenden Vortrags ab,

der im Gegensatz zum gesungenen der Länge nicht die volle
Geltung von zwei Kürzen gegeben habe. Abgesehen davon,
dass diese angeblich aristoxenische Lehre von der Messung der
Recitation nur auf Irrtümern Westphals beruht, so müssen wir
bei unsern rythmen nach den oben angeführten Beispielen nicht
sowol auf Beobachtung des lebendigen Vortrags, sondern vielmehr auf Rechenexempel, auf Syllogismen gefasst sein. Ein
solches Verfahren wird wol auch hier vorliegen: Die ἄλογος
des Aristoxenos war die lange Thesis iambischer und trochäischer
Füsse, s. Aristox. rythm p 292 Mor , dieselbe ist nicht in zwei Kürzen
auflösbar. Nun ist die Länge des Dactylus auch nicht auflösbar; folglich werden wir auch in ihr die ἄλογος zu erblicken
haben. Die Wahrscheinlichkeit dieser Vermutung wird dadurch erhöht, dass schol. Heph p 102 als Beleg dafür, dass
es dränge sei zu behaupten ουδ᾽ ιαμβτ τῇ μακρᾷ δυο βρα
βεῖας, auch gerade die Unauflösbarkeit der Dactyluslänge angeführt wird. Dionys' eigne Weisheit leuchtet uns wieder entgegen in seinem etymologischen Versuch: ἄγοιγισθαι ... τῆς
τελείας ουκ ἔχοντος δὲ οικείτν πέρας, καλοῦσι μὲν τοῦτο ἄλογον
(scil. οἱ ῥυθμικοι). Denn das Wort ἄλογος hat Aristoxenus
p 292 Mor deutlich erklärt und ganz anders.

Ich gehe über zu Aristides Quintilianus, der uns zuerst
etwas reichlicher mit Definitionen versucht. Vom Rythmos
handelt das dreizehnte Kapitel des ersten Buches, p 31 Meib. Im
Anfange heisst es: ῥυθμός ωαλεῖται ερχάς λέγεται γάρ ἐπί τε
τῶν ακινήτων σωμάτων (ὡς φαμεν εὐρυθμον ἀνδριαντα) καὶ ἐ
μινήτων τῶν κινουμένων (οὕτως γὰρ φαμεν εὐρυθμος τινά
βαδίζειν), καὶ ἰδίως ἐπί φωνῆς. Diese Dreiteilung stammt jedenfalls aus Aristoxenus. Denn dieser hatte im ersten Buch die
verschiedenen γένη des ῥυθμός besprochen, und dass darin
auch auf den Rythmos in Werken der bildenden Kunst Rücksicht genommen war, ist durch die Ausdrucksweise p 270
Mor angedeutet, wo erwähnt werden λέξις und μέλος καὶ εἰ
τι ἄλλο πεφυκε ῥυθμίζεσθαι τῷ τοιούτῳ ῥυθμῷ ὃς ἐστιν ἐν
χρόνοις συνεστηκώς; er war sich also eines Rythmus bewusst,
der nicht in der Zeit zur Erscheinung kam. Aber ausser dieser
einen Stelle wird auch bei Aristoxenos der Rythmus der bildenden
Kunst ganz ausser Acht gelassen, so dass in den Definitionen

von ῥυθμός immer die geringe als ein wesentlicher Bestandtheil
erscheinen. Die zweite Angabe des Aristides: die zweite
τῶν μεταφορῶν umfasst den sichtbaren Rythmus ἐν ὄγκοις
und den hörbaren ἐν μέλει (wozu drittens noch der fühlbare
im Pulsschlag gezählt wird). Aber das Hauptinteresse con-
centrirt sich doch auf den zweiten; so hatte auch Claudius
Didymus den rythmus definirt als ποιά τις ταξις τινος σχημα-
τισμός, wie Bacchius p. 23 Meib. berichtet, und Aristoteles gar
nur als σχηματος λεξεως ἀριθμος. Daher im besondern, engern
Sinne ῥυθμός nur ἐπι φωνῆς gilt, wie Aristides an dritter Stelle
angibt; und mit diesem haben wir es jetzt allein zu thun.
Als sein Wesen wird angegeben, dass er dem unbestimmt
fliessenden Stoff (ἀδιόριστος   τοῦ μέλους πλασμι) durch
Gliederung Form gibt (τὸ τοῦ ῥυθμοῦ μέρη τὴν δύναμιν τῆς
μελῳδίας ἐν ἀρχῇ καθίστησιν), gerade so wie Aristoteles ihm
die Gliederung des ἄπειρον zuschreibt.

Ueber den Gegensatz zwischen ῥυθμός und μέτρον nun
spricht sich Aristides besonders aus im 23 Capitel p. 19 Meib.
und zwar ist dieser Gegensatz ein doppelter: διαφέρουσι τοῦ
ῥυθμοῦ (weil sie μετρον) φασιν οἱ μὲν ὡς μέρος ὅλου, τοναχ-
γὰρ ῥυθμοῦ φασιν οὗτο. Dies bezieht sich auf Aristoteles, der
das μέτρον als μερος oder σμικρά des Rythmus berechnet. Der
zweite Unterschied findet statt κατα τὴν ὕλην; der Stoff des
rythmus nämlich ist arm und thema, das Metrum dagegen hat
seine οὐσία ἐν συλλαβαῖς και ἐξ τουτων διαμετρεῖ. Also
das Metrum offenbart sich im Sprachstoff, der rythmus hat
auch da, wo er der λέξις anhängt, es nur mit der Bewegung,
nicht mit der Beschaffenheit der λέξις zu thun. Es ist also ein
ganz abstrakter, nicht einmal sehr klarer Gegensatz. Von
Interesse aber sind die darauf folgenden Worte: τουτο του
ῥυθμον μὲν συνίσταθαι και διά τῶν ὁρωσι συλλαβῶν και
διά τῶν διεστῶτων τοπῶν, μετρον δὲ διά μὲν τῶν πάσαις
ὁμοίας ἀρθρων μηδεν ἐστως, ἔτι δὲ τῶν διεστῶτων ἀιγμαις.
Hier liegt ein concreter Gegensatz vor und zwar der von
lyrischer und recitirter Poesie. Die Bezeichnung der letzteren
als μετρον hatte sich ursprünglich an den ersteren der von
Aristides genannten Gegensätze geknüpft (μετρον = φωνη
ῥυθμοῦ), indem μετρον im engern Sinne nur denjenigen

Dichtungen zugeschrieben wird, die eine regelmäßige Folge
gleicher τόποι aufweisen, und das und vor allem die recitierten,
dass dem so war, lehrte die Behauptung des Aristoteles, der
Paeon beide kein μέτρον. Hier aber ist der Gattungsname
μέτρον an den zweiten Gegensatz angeknüpft, wonach das
μέτρον die im Texte selbst schon enthaltene Bewegung bedeutet,
die nicht erst des hinzutretenden Rythmus bedarf, um kenntlich zu werden. Nun ist bei regelmäßiger Abwechslung von
kurzen und langen Silben, wie sie in den μέτρα im engern
Sinne, in recitierten trochäischen und daktylischen Versreihen,
stattfindet, die rythmische Bewegung ohne weiteres deutlich;
während bei lauter gleichen Silben, wie sie bei aufgelösten
Dochmien, melischen Anapästen, gesungenen Trochäen und
anderswo vorkommen, der Rythmus nicht ohne weiteres aus
dem Text abgelesen werden kann. Sind ja auch heutzutage
über die Messung von ἄγαμος ἄτεκνος ἄπολις ἀγέλας Eu-
ripb T. 220, (s. Christ 270) und Ζεῦ .... ἀγέλαε
Ζεῦ etc. die Gelehrten noch nicht einig. Den μέτρα werden
solche Silbenfolgen ganz abgesprochen, πόδες διαλύσεσι nur
als Seltenheit ihnen zugestanden (im iamb Trim z. B. kann
sowol ∪ ∪ — als — ∪ ∪ unter Umständen den Jambus vertreten).
Dass hier wirklich die lyrische Dichtung im Gegensatz zu den
μέτρα steht, dafür spricht eine Stelle bei Cicero orator 183 f:
a modis quibusdam cantu remoto soluta esse videtur oratio
maximeque id in optimo quoque eorum poetarum, qui λυρικοί
a Graecis nominantur. Dann führt er einen Vers aus dem
Thyestes an: quemnam te esse dicam, qui tarda in senecta etc.,
quae nisi cum tibicen accessit, orationis sunt solutae simillima.
Hier sind es ja auch nur die ἴχνη σολλάψεω, welche das Hinzutreten der Musik verlangen, damit der Rythmus kenntlich
werde. Es wird dann noch dieselbe Klage über die Senare
der lateinischen Komiker geführt; das sollen zwar μέτρα sein,
sie entbehren aber zu sehr der Eigenschaft der griechischen
μέτρα, nämlich des bereits im Silbenschema deutlich vorge-
zeichneten Rythmus.

Der hier erörterte Gegensatz liegt auch dem Begriff der
πόδες μέτρικοί bei Choeroboscus p 79 = schol. Heph p. 190
zu Grunde. Es heißt dort: die Jonier haben keine μέτρικοί

μέτρα, denn sie bestehen aus Spondeen und Pyrrhichien: μεγεθεῖ δὲ μέτρα εἰσὶ τραχεῖαι ἴαμβος δακτυλος διασταντας, αἰτίας τῇ παραλλῇ τὰς χρόνος ασχροῖσί οι μετρα ἴδια παυεΐσαι. παραλλία τῶν χρόνων μεταὶ hier, was Aristides mit ἀνομοειδῇς τὰς συλλαβὰς bezeichnet. Wenn der Schollast dann fortführt, αἰτίας δὲ μαλιστα παιγατε σαν ἰσοχρονοί μέτρα, so ist das etwas unklar ausgedrückt, es bezicht sich auf alle obengenannten Füsse, die ἰσοχρονοί und Spondeen und Pyrrhichien; denn die Zusammenstellung von solchen würde fortlaufende Reihen von ἰσαιον συλλαβαί ergeben und die rythmische Bewegung nicht im Text abzulesen sein, was das Haupterforderniss der παιγα ist. Deutlicher erklärt wird die χρεσιαν παραλλία von Mallius Theodorus p 588 K · ex his pedibus, qui ex brevibus aut ex longis syllabis ita conficiuntur ut in his brevitate et longitudinis varietas nulla est, aut ex longis et brevibus syllabis temperati adiunguntur pedes, metrum omnino effici non potest. Eine ähnliche Anschauung liegt zu Grunde, wenn der zusammengesetzte Fuss überhaupt als rythmus bezeichnet wird, wie es von Cicero or 218 geschieht (s Chrind 89) paean, quod plures habet syllabas quam tres, numerus quibusdam, non pes habetur. Denn wenn man eine Reihe Paeonen so in Füsse zerlegt: — ∪ | ∪ ∪ | — ∪ | ∪ ∪ . . ., so fehlt allerdings das stetig in jedem Fusse wiederkehrende ἀνομοιότης τὰς συλλαβάς, welche das Metrum verlangt. (Mar. Vict. p. 89 erklärt das ionische Metrum wegen des Verhältnisses 1 · 2 für magis rythmus quam metrum proprium; allerdings ist die hier vermisste aequalitatis ratio in den metra im engsten Sinne vorhanden, in dactylischen im Einzelfuss, im iambischen und trochäischen in der Dipodie p 18 schliesst er die Ionici nicht aus) Zu den ἰσοχρονοί im Sinne von metrischen Massen gehören auch die Dochmien; dies bemerkt der Scholiast zu Aesch Sept v 128 (von Westphal schol Heph 188 angeführt) und diese Stelle gibt uns zuerst Gelegenheit die Vermischung des abstrakten und des concreten Gegensatzes zwischen ἰσθμος und μέτρα zu beobachten, die uns noch öfter begegnen wird. Es heisst· ταῦτα δοχμιαιοί δοντιι καὶ ἴσα, διὰ τις αὐτὰ διαταχθαιας βαίρῃ (Βαίτατι hier nur im Sinne eines ganz mechanischen Zählens) μετρας δὲ εἰσιν βαίρῃ, ἰσοθμαι τας εσα βαιτα εισα δὲ οἱ ἰσοθμοί, διαμφαιτα δὲ τὰ μέτρα, οὐχὶ ῥυθμῶν. Der letztere Unterschied gilt nur von dem an einem poetischen Object zugleich erscheinenden ῥυθμός und μέτρον, das μέτρον zeigt sich in seiner Entstehung, der ῥυθμός kommt im ῥυθμίζεσθαι zum Vorschein; so gibt Dionys de c. v. 21, wenn er den μέτρον ἡρῷον nennt ἰσόχρονον, κατὰ πόδας δακτύλων διαιρετόν, zugleich Metrum und Rythmus des Hexameters an. Aber dem μέτρον in concretem Sinne kommt ebensogut für ῥυθμίζεσθαι im Vortrag zu, als die ῥυθμοί — die rhythischen Compositionen — nicht ohne διαμέτρησις sein können.

Μέτρον in älterem Sinne gebraucht Longin p. 81 W., wenn er sagt: ἡ ἀπαγ . . . später . . . τὸν ῥυθμὸν τῶν μέτρων, das μέτρον und der Stoff, an dem der ῥυθμός zur Erscheinung kommt, die λέξις als ῥυθμιζόμενον, um Aristoxenus Ausdruck zu gebrauchen. Interessant ist nun der Ausspruch des Longin ib., μέτρον πάντη ῥυθμός und θέος ἀπὸ ῥυθμοῦ γὰρ λέγε ἐπὶ δεχθ᾽, θεὸς δὲ τὸ μέτρον ἀπεργάζεται. Es sind zwei verschiedene Dinge hier zusammengestellt, μέτρον πάντη θεός besagt dasselbe wie die kurz vorhergegangene Angabe μέτρον ῥυθμῆς δ᾽ ἐνδίδων. Dagegen ist μέτρον πάντη ῥυθμός (so heisst es auch gleich danach, πάντη δὲ καὶ γίνεται τῶν μέτρων ἀπ᾽ ἐκείνη δ᾽ ὁ ῥυθμός ohne Erwähnung des θέος) philosophisch gemeint, der Standpunkt des Neoplatonismus ist absichtlich gegen den aristotelisch-aristoxenischen hervorgekehrt. Schon Aristoteles hatte (rhet. 1408 b) den Rythmus als das formgebende Princip bezeichnet, das den sprachlichen Stoff, der ohne das ein ἄπειρον ist, gestaltet: πεπέρανται δὲ ἀριθμῷ πάντα, ἡ δὲ τοῦ σχήματος τῆς λέξεως ἀριθμὸς ῥυθμός ἐστιν. Aristoxenus sagt pag. 283 Mor., das Verhältnis zwischen ῥυθμός und ῥυθμιζόμενον sei dasselbe, wie zwischen der Form und dem Gestalteten, σχῆμα und σχηματιζόμενον. Dieser aristoxenische Begriff schwebte vielleicht dem Theocrit vor, wenn er 10, 39 einen Sänger loben lässt mit den Worten: ὡς ἐπ᾽ ἐὺ τὰν ἰδέαν τᾶς ἁρμονίας ἐμέτρησεν· ἁρμονία nicht in harmonischem Sinne zu verstehen, sondern als rythmisches Gefüge wird schon durch das Verbum μετρεῖν nahegelegt (cf. das oben citirte ἀπεργάζεσθαι — rythmisch vortragen bei Dionys v. Hal. de c. v p. 216). Rythmische Bedeutung hat ἁρμονία neben μετρεῖν in der sehr verwandten (von Fritzsche citierten) Stelle des Lucian imag. c. 14, τὸ γὰρ τῆς τε ἁρμονίας

τὸ ἀπαρίστατον διαφυλάττεται, ὡς μὴ παραβαίνειν τι τοῦ ῥυθμοῦ,
ἀλλ' ῥέοντος ἰῇ ἄρεσι καὶ ϑέσει διαμαρτρέεσθαι τὸ ῥῆμα καὶ
συνηϑὲς εἶναι τῇ; ποδήρει καὶ ὁμαρμοστεῖν τῇ μελέτῃ τὸ πλήξαντος,
καὶ τὰ ἐλαγός τὰν δαντέλαν καὶ τὸ εὐπαρκὲς τὰν μελῶν (ἐρᾶ
ἄπερ Worte enthalten den Bezug auf die ἁρμονία in dem uns
geläufigen Sinne). Bei Theaeret ist die ἁρμονία an sich nichts
als die σύνϑεσις τὰν ϑρόνετον (mit welcher es von Dionys.
v Hal zu der entsprechenden Schrift oft synonym gebraucht
wird), der Rythmus ist die aus der σύνϑεσις entspringende,
darüber schwebende *idée*. Nun ist nach Aristoteles die Form
nur in den Dingen vorhanden; dagegen galt Plato, wenigstens
im Bewusstsein der Späteren, als Urtypus, der den Formen,
den *ideen*, im Gegensatz zu Aristoteles selbständige Existenz
zuschrieb In des Diomedes Ausdruck p 473 K rythmus est
versus imago etc könnte man in imago die Uebersetzung von
εἶδος oder *idéa* sehen, also die dem σχῆμα des Aristoxenus
entsprechende platonisierende Bezeichnung Während Plato
selbst die Beziehung der sinnlichen Erscheinung auf die Ideen
durch ein Teilhaftigsein erklärt, lassen die Neuplatoniker die
Sinnenwelt geradezu aus der Ideenwelt entstehen So musste
ihnen auch das μέτρον als eine Emanation des ῥυθμος gelten.
Plotin gebraucht für das Verhältnis der Sinnenwelt zu den
τεχνῇ verschiedene bildliche Ausdrücke, vgl Ritter-Preller
§ 511 b, wiederholt gebraucht er den Ausdruck γεννᾶν. Da
nun bei Plato selbst den Ideen νοῦς und ζωή von ψυχή zugeschrieben wird, so erklärt sich aus alle dem leicht Longin's
Ausspruch μέτρον νόσιγε ῥυθμος

Ich verlasse die griechischen Quellen und gehe zu den
Römern über. Hier stossen wir überaus häufig, wo von
rythmus und metrum die Rede ist, auf eine Vermischung der
verschiedensten Gesichtspunkte Bestimmte Anschauungen und
eine selbständige feste Terminologie dürfen wir bei Varro vor-
aussetzen und es lohnt sich, das varronische Gut aus den
lateinischen Metrikern herauszuschälen Auf Varro basirt im
Wesentlichen Quintilian im vierten Capitel des neunten Buches,
der aber vieles andre hineinmengt und dadurch unklar wird
Aber auch schon Cicero, von dem der Zeit nach zuerst zu
handeln sein würde, zeigt in seinen Parten über den numerus

oratorias eine bemerkenswerte Undeutlichkeit in der Handhabung dieses Begriffes.

Cicero handelt über den numerus oratorius kürzer im
dritten Buch de oratore, ausführlicher im orator, und eine
kurze Bemerkung bringt noch der Brutus. Aristoteles hatte,
wie wir oben sahen, dem Rythmus das περαίνει, das Gliedern
des sprachlichen Stoffes, zugeschrieben und zwar ein περαίνειν
ἀριθμῷ, Gliedern dadurch, dass bestimmte, in Zahlen ausdrückbare Verhältnisse darin zur Erscheinung treten. An sich
kommen diese Verhältnisse sowol in den kleinsten Teilen,
also dem Wechsel von langen und kurzen Silben, als in
grösseren Abschnitten zu Tage treten. Im weiteren Sinne wird
ἀριθμός und περαίνειν weiter unten 1409 b gebraucht. Dort
wird die λέξις μεταρρυθμιστη oder ἐν περιόδοις gelobt, die
τὸ διανοίας ἔχων τὸ ἀπαρτίζειν, und es heisst ἀριθμὸς ἔχων ἡ
ἡ περίοδος λέξις. Das Gleichgewicht der Kola wird auch an
der ersten Stelle berührt, wo das μέτρον, d. h. die Aufeinander-
folge ganz gleicher Abschnitte, für die Rede verworfen wird.
ἀριθμός erthält ist aber dort nur auf die Verhältnisse der Silbenquantitäten bezogen. Zwar würde die Definition σχήματος τῆς
λέξεως ἀριθμός an sich beide Bedeutungen einschliessen; aber
es folgen dann auf den Satz ἀριθμὸς δεῖ ἔχειν τὸν λόγον die
zwei Verbote: μέτρον δὲ μη, ποίημα γὰρ ἔσται, und ἀριθμον
δὲ μη ἀκριβῶς. Das erste verbietet absolute Regelmässigkeit
der Satzteile, das zweite dagegen der Füsse. Dagegen verbindet Cicero mit dem Ausdruck numerus beide Begriffe, sowol
den von der Zusammensetzung der Rede aus bestimmten Vers-
füssen als den von den Verhältnissen der Satzglieder, und zwar
wiegt die letztere Bedeutung in seiner Anschauung entschieden
vor, ohne dass er, wo die erstere hervortritt, den Unterschied
zu klarem Ausdruck bringt. Auch Dionys v. Halic., der bei
den ἀριθμοῦ der Rede nur an die Versfüsse denkt, bezeichnet
doch einmal auch die zweitgenannte Eigenschaft der Rede mit
εὐρυθμία. Das neunte Capitel (de c. v p 47 b) handelt von
Erweiterungen und Verkürzungen der Kola, die, ohne durch
den Sinn bedingt zu sein, nur um des Gleichmasses willen
vorgenommen werden (προσθήσεις οὖν αἱ αημείας εἰς πρὸς τὸν
τοῦτι und ἀφαιρέσεις ἐκλείψ μεσδέον τῷ τὸ διὸ νοει); nachdem er

ein Beispiel dafür aus Demosthenes beigebracht hat, fügt er hinzu: *ὡς δέοντι τῇ Δημοσθένει πλείστων μεταθεῖναι πρὸς ἑκαστα τῆς ἀπαγγελίας τὸν μᾶλλον ἢ τῆς εὑρεσθμιας*. Es sind die architektonischen Verhältnisse des Periodenbaues, die der numerus in diesem Sinne bezeichnet.

Von den vier Eigenschaften, die die Rede nach de or 3, 37 haben muss, latine plane ornate und apte, wird die dritte § 53 zerlegt: qui distincte, qui explicate, qui abundanter, qui illuminate et rebus et verbis dicunt et in ipsa oratione quasi quendam numerum versumque conficiunt, id est quod dico ornate. Die erste Reihe Ausdrücke bezieht sich auf den Inhalt und die Wahl der Worte, die zweite nur auf die Klangform: versus entspricht dem griechischen *μέτρον*, der aristotelische Satz *ῥυθμὸν δεῖ ἔχειν τὸν λόγον, μέτρον δὲ μή* rhet. 3, 1408 b wird im Orator § 172 wiedergegeben mit (Aristoteles) versum in oratione vetat esse, numerum iubet. Also meint quasi quendam versum an unserer Stelle den durch die Kola dargestellten Rythmus, der nur ein ungefähres *μέτρον* sein, nur annähernde Gleichgewicht der Abschnitte zeigen darf; ob quasi quendam numerum dasselbe bedeutet, wir also nur zwei Synonyma für dieselbe Sache hier zu setzen haben, oder numerus auf den Rythmus der Füsse geht, lässt sich an unserer Stelle nicht mit Sicherheit sagen. Mit andern Ausdrücken geschieht die Teilung des ornate in § 93; verborum eligendorum et conlocandorum et concludendorum facilis est ratio, das verba eligere entspricht dem distincte, explicate etc. unserer Stelle, conlocare und concludere dem quasi numerus und versus, wie sich später noch bestätigen wird. Dieselbe Teilung wird in § 149 vorgenommen: omnis oratio conficitur ex verbis; quorum primum nobis ratio simpliciter videnda est, deinde coniuncte. nam est quaedam ornatus oratione, qui ex singulis verbis est, alius qui ex continuatis constat. Die continuatio war in § 93 in conlocare et concludere zerlegt. An die Stelle des zweiten dieser Begriffe tritt § 170 ein andrer Ausdruck: Sequitur consummatio verborum, quae duas res maxime, conlocationem primum, deinde modum quendam formamque desiderat. Endlich wird modus und forma § 173 wiederum erklärt in einer Weise, die unserer ganzen Zusammenstellung einen wohlgefälligen Abschluss gibt, es hebet da · subsequitur modus etiam et forma verborum ..., versus etiam veteres illi in hac soluta oratione propemodum, hoc est, numerus quondam nobis esse adhibendos putaverunt. Hier werden also versus propemodum und numeri als identisch bezeichnet, wir werden daher auch den numerus in § 53 als synonym mit versus ansehen können. Wenn ich auch für die beiden Arten des numerus, um die es sich für uns handelt, der Ausdrücke »innerer Rythmus« (so Piderit) für den durch Versfüsse entstehenden, und »architektonischer Rythmus« für den durch die Grössenverhältnisse der Satzteile bestimmten bedienen darf, so geht hier versus, da es dem aristotelischen μέτρον entspricht, und eralt auch numerus auf den architektonischen Rythmus. Dies bestätigt auch der folgende Zusatz. interspirationis enim, non defatigationis nostrae neque librariorum notis, sed verborum et sententiarum modo interpunctas clausulas in orationibus esse voluerunt, und die darauf folgende Notiz, dass Isocrates der Erfinder dieser numeri sei. Da nun aber im Anfang der Doppelausdruck modus et forma gebraucht ist, so liegt der Gedanke nahe, dass diese beiden Bezeichnungen an sich unsere beiden Arten Rythmus bezeichnen und dann nur der architektonische in den Vordergrund gerückt wird, angenommen, dem sei so, so fragt es sich nur, welcher von beiden Rythmen mit jedem dieser Ausdrucke bezeichnet wird. Da veranlasst uns orator 206, forma auf den architektonischen zu beziehen: explicandum est unde orta sit forma verborum dicendumque quantos circuitus facere deceat deque eorum particulis et tamquam membris disserendum est. Somit bliebe übrig, unter modus den inneren zu verstehen. Darin bestärkt uns § 185, wo der Jambus Trochaeus Dactylus bezeichnet werden als sui modi, quibus hic imitatus versus efficitur. Dass wir berechtigt sind zu dieser Zweiteilung, bestätigt an unserer Stelle § 174, der allerdings auf den ersten Blick nicht ganz heraus zu passen scheint. Wir lesen da: quae movent, qui erant quondam idem poetae, machinati ad voluptatem sunt, versum atque cantum, ut et verborum numero et vocum modo vincerent aurium satietatem — haec igitur duo, vocis dico moderationem et verborum conclusionem, quoad orationis severitas pati posset, a poetica ad dicendam tra-

ducenda docuerunt Hier bedeutet modus die Melodie, da es
mit cantus gleichgesetzt wird, ist also verschieden vom Rythmus.
Die griechischen Theoretiker suchten auch in der Rede ein
πάθος, welches von dem inneren Rythmus wol geschieden wird
Dionys v. Halic. de c. v 11 p 58 f. behandelt beide. Das
πάθος der Rede wird gebildet von den Accenten, deren musikalische Natur schon durch ihre Namen ὀξεῖα und βαρεῖα
angedeutet wird; die Poesie geht mit dem πάθος der Rede
willkürlich um, indem sie in der Melodiebildung auf die Accente
keine Rücksicht nimmt, der rythmus dagegen wird durch die
Silbenquantitäten dargestellt und die Poesie behandelt ihn
willkürlich, indem sie diese verändert und vertauscht Nun
war der lateinische Accent ein exspiratorischer, ein griech-
artiges Hervortreten musikalischer und exspiratorischer Spitzen
unabhängig von einander ist in der lateinischen Rede nicht
denkbar, dennoch haben die Römer unbedenklich die Berechnung der Accentuation als eines πάθος herübergenommen, so
Cicero im Orator, § 57 · est etiam in dicendo quidam cantus
obscurior, .   in quo illud etiam notandum mihi videtur
ad studium persequendae suavitatis in vocibus: ipsa enim
natura, quasi modularetur hominum orationem, in omni verbo
posuit acutam vocem nec una plus nec a postrema syllaba
citra tertiam. Wenn sich also Cicero nicht scheut, die lateinischen Accente mit der Melodie in der Dichtkunst zu vergleichen, so lag es ihm ebenso nahe, die durch die rythmischen
icten hervorgebrachte Bewegung mit der melodischen Bewegung
des Gesanges in Parallele zu bringen, denn die rythmischen
icten fallen gerade im Lateinischen mit den Accenten häufig
zusammen, und wo sie es nicht thun, ist die Abweichung eine
bewusste, kunstvolle, ein Beweis, dass sie ihrer Natur nach
gleichartig sind

Wir lernen also nomen in einem doppelten Sinne kennen,
im weiteren umfasst es beide Arten Rythmus, modus und
forma, so § 173; § 176 werden forma und modi zusammengestellt, also es ist kein Unterschied zu statuiren zwischen
modus und modi, das uns in der Bedeutung »Melodie« aus
den Terentiodaskalien geläufig ist Dagegen bezieht sich in
§ 176 verborum numero et vocum modo der numerus nur

auf den architektonischen Rythmus, er wird im folgenden mit
verborum conctusio umschrieben, d. h. die periodische Zusammenfassung, Abrundung Auch § 184 werden numeri ac modi
zusammengestellt. Im weiteren und engeren Sinn unmittelbar
nebeneinander wird numerus in § 196 gebraucht. Es ist da
die Rede vom numerorum vocumque audiatur, welches das
Publikum zeigt Moventur omnes ... numeris ac vocibus
quotus enim quisque est qui teneat artem numerorum ac
modorum? at in his et paulum modo ostensum est, ut aut
contractione brevius fieret aut productione longius, theatra
tota reclamant quid, hoc non idem fit in vocibus etc.? Die
numeri werden also zerlegt in numeri ac modi, die Verstöße
gegen beide zeigen sich in contractiones und productiones, bei
den numeri wird es sich um das Gleichgewicht der Kola gehandelt haben, bei den modi um prosodische Verstöße, die
modi auch hier nur rythmisch, denn das Musikalische wird
erst bei Erwähnung der voces berührt. Denselben Doppelsinn
von numeri zeigt nun auch unser § 173, denn obgleich dort
modus et forma zusammen als numeri bezeichnet werden, ist
doch mit den schon angeführten Worten: interspirationis enim
els. nur an den architektonischen Rythmus gedacht. Zwar
meint Piderit in diesem Satze beide Bedeutungen von numerus
zu entdecken, indem er die Worte: non librariorum nota, sed
verborum et sententiarum modo interpunctas clausulas erklärt:
Auch sollen nicht etwa die Interpunktionszeichen diese clausulas machen, sondern der innere Rythmus oder Takt (modus)
der Worte und Gedanken Aber der modus in diesem Sinne
kann kaum interpungere der Sätze hervorbringen Vielmehr ist
modus hier so zu verstehen, wie in § 182 (Clausulas atque
interpuncta verborum animae interclusio atque angustiae spiritus
attulerunt) longissima est comprensio verborum, quae volvi
uno spiritu potest Sed hic naturae modus est, artis alius
Also das Mass, die Ausdehnung der Glieder soll durch den
Gedanken bedingt sein!

Modus steht in diesem zuletztgenannten Stellen seiner ursprünglichen Bedeutung noch näher. Es ist dem Sinne nach
mit *metpov* verwandt, welches auch das Mass zunächst als
etwas Beschränkendes, Begrenzendes bezeichnet. So, wenn m

Aeschylus' Choephoren v. 797 Zeus gebeten wird, er soll dem
Orest, der in den Wagen des Leids eingespannt ist, *ἐν δρόμοιͅ
μετρον προστιθέναι*, müssten wir *μετρον* lateinisch mit modus
wiedergeben; er soll Mass und Ziel setzen. Wie *μετρον*, geht
dann modus von der Bedeutung einer einmaligen Begrenzung
zu der einer fortlaufenden Ordnung über, und endlich wird
es, wie numerus, auch auf die Melodie übertragen.

Der Doppelsinn von numerus tritt nun auch in der ganzen
folgenden Auseinandersetzung an unserer Stelle hervor. In § 175
wird vom numerose cadere der Rede gesprochen und es heisst,
der Redner unterscheide sich vom imperitus dicendi darin,
dass dieser incondite fundit et id, quod dicit, spiritu non arte
determinat. § 176 wird die Frage aufgeworfen, wie man die
Fähigkeit des numerose dicere erreichen könne. Dann wird
an einer Reihe von Beispielen gezeigt, wie die Natur überall
das Schöne mit dem Notwendigen in enge Beziehung setzt, so
auch zwingt sie durch die Beschränktheit unseres Atems, gewisse
Abschnitte zu machen (§ 181). Das beruht sich auf den
architektonischen Rythmus. Nach den Worten (§ 182). sed
hic naturae modus est, artis alius führt er fort: iam cum sint
numeri plures, iambum et trochaeum etc., geht also auf den
inneren Rythmus über. Die Partikel iam freilich dient schlecht
zur Bezeichnung dieses Verhältnisses, wo man eher vermuten,
dass nur eine nähere Ausführung des Vorhergehenden folgen
sollte. § 184 gleitet er von diesen numeri wieder auf den
numerus in architektonischen Sinne über, ohne auch hier den
Uebergang zu markiren. Er erwähnt die Forderung des
Theophrast, die Rede müsse remissius numerosa sei und fügt
hinzu die Begründung. etenim, inquit ille sanpeatur, et habet
modus, quibus hic unciatus versus efficitur, post anapneutas, procerior quidam numerus, efficitat, unde ille ἡεμβιος et δίυβος
fiunt dithyrambus, cuius membra et pedes, ut ait idem, sunt
in omni locuplete oratione diffusa [1]. Der Dithyrambus unterscheidet sich von den erstgenannten modi, d. i. dactylischen
iambischen trochäischen Versen, dadurch, dass er aus lauter
ungleichen Kola besteht, die einander nirgends genau corre-

---

[1] Die Stelle ist umschrieben von Radium de num cont. p. 567 K.

spondiren; darin besteht seine Aehnlichkeit mit der Rede
§ 176 wird derselbe Gegensatz mit versus und dispares numeri
bezeichnet. nihil est iam teneram neque tam flexibile neque
quod tam facile sequatur quocunque ducas quam oratio (λόγος
im weitesten Sinne)· ex hac versus, ex hac eadem dispares
numeri conficiuntur, ex hac haec etiam soluta variis modis
multorumque generum oratio. Wenn nun der Anapäst als
Zwischenstufe genannt wird, so kann nur an die anapästischen
Systeme gedacht sein; denn hier fällt die Gleichheit der μέτρα,
wie sie das Epos, der Trimeter etc. zeigen, weg; mehrere
Dimeter bilden durch ihre Continuität gewissermassen je ein
μέτρον und diese sog Systeme sind ihrem Umfang nach un-
gleich und ohne Responsion, wie aus den erhaltenen Tragödien
bekannt ist. Auch die Bezeichnung des Anapästs als procerior
numerus ist nur in Rücksicht auf die Systeme erklärlich. Es
ist also der remissior numerus des Theophrast architektonisch
gemeint Nun folgt wieder eine Definition, die dem numerus
im weitesten Sinne gerecht wird: numerorum est in omnibus
sonis atque vocibus, quod habet quasdam impressiones et quod
metiri possumus intervallis aequabilus. Die impressiones und
die rythmischen Icten, welche den modus der Rede hervorbringen, bei den intervalla — es heisst § 185 noch einmal:
distinctio et aequalitas et saepe variorum intervallorum numerum
conficit — könnten wir sowol an die Abstände der Icten, also
die Längen der Füsse (vgl orator 198 trochaeus temporibus
et intervallis est par Iambo und vorher: Ephorus ne spondeum
quidem .   . . . . fugit eius aequalem dactylo; syllabis enim
metiendos pedes, non intervallis existimat), denken, als auch
an die Längen der Satzteile; denn intervallum ist an sich
gleichbedeutend mit spatium, χρόνος: so wenn Pseudocensorin
p. 609 Keil den Rythmus definiert als ordo vocabum intervallorum, was dem aristoxenischen χρόνων τάξις entspricht, nur
mit Beschränkung der χρόνοι auf den rythmus vocalis; die
orator. 181 sagt: numerus intervallis apparet. Dass auch
grössere Zeitabschnitte damit gemeint sein können, zeigt Seneca
controv. I p. 63 Kiessl., wo von Latro gesagt wird· subiti voci
casum facere, non illam per gradus paulatim ab imo ad
summum perducere, non rursus a summa contentione paribus

intervallis descendere, und p 890 von den Declamatoren im Allgemeinen· quid quod laudationibus crebris sustinentur et memoria illorum adiuvat certis intervallis quiescere? Die intervalla und die durch die Beifallsunterbrechungen abgegrenzten Teile der Rede Auf den Umfang der Kola finden wir διαστήματα bezogen bei Dionys v Halic. de c. v. p 212: in Versen muss man, um Eintönigkeit zu vermeiden, τὰ τῆς λέξεως μέρη παντοδαπῶς στρέφειν τε καὶ συισχηματίζειν καὶ τὰ κῶλα (hier sind die Einzelkola gemeint!) δι διαστημάτων ποιεῖν ἀσυμμέτρως (so zu schreiben für das überlieferte συμμέτρως, Upton schrieb ἀσυμμέτρως), μηδ συισσαπερίζοντα ταῖς στίχοις, ἀλλαὶ διαστήματα τὰ μέτραι, ἅτινα τε ποιεῖ αὐτὰ (das besagt dasselbe wie die διαστήματα ἀσύμμετρα) καὶ ἐτέρους; dasselbe wird weiter unten mit den Worten ausgedrückt. εἰ τε μεθαρμότεσθαι (d h. rhythmische Compositionen) συνευθύνεσθαι, ὅταν ἀπολαύωσιν τοῖς στίχοις, τοῖς καλῶς δεσλαμβάνουσι τὰς ἄλλας ἄλλας, διαχέουσα καὶ διχασίζουσα τῇ διαιρέσει τοῦ μέτρου. Cic. or 58 heisst es: summa alia verborum volubilitasque ordi est . . , distincta alia et interpuncta intervalla, morae respirationesque delectant. Intervalla und nicht die Pausen (wie or 223), sondern die Abschnitte, die durch die morae begrenzt werden, denn nur von diesen kann gesagt werden distinguuntur, nicht von den Pausen, durch welche das distinguere geschieht. Diese Abschnitte sind hier die Kola. Am deutlichsten tritt diese Bedeutung or 187 hervor· dass manche Rede angusta atque concisa erscheint, eine andere dilatata et fusa, geschieht intervallorum longorum et brevium varietate Dass auch an unserer Stelle (de or 3, 186) Cicero vor allem an die Kola denkt, zeigt die Erwähnung der rudis et impolita orationis loquacitas, wenn wir denken an den rudis ille in § 175, der incondite fundit et id, quod dicit, spiritu, non arte determinat; im Gegensatz dazu steht die oratio articulis membrisque distincta § 186, und zwar sind von diesen membra aut parta posteriora superioribus . . aut . . longiora; daher distinctio aequalibus et saepe variorum intervallorum [1]);

---

1) Die Competenz von lehre (im Brill, Anatomiam' rythm u meio Messungen d. 179)· etiamsi spatio variorum ut aver speciem, quod aber nicht hervor

vgl. or. 205; in omnibus numern aequaliter particulas deceal
incidere an facere alias breviores, alias longiores.

Die Erwähnung unserer Begriffe im Brutus § 32 f.
stimmt mit dem bisher Erörterten überein. Es heisst von
Isocrates: primus intellexit etiam in soluta oratione, dum
versum effugeres, modam tamen et numerum quendam
oportere servari; ante hunc enim verborum quasi structura
et quaedam ad numerum conclusio nulla erat; structura
ist die durch die Rücksicht auf den inneren Rythmus bedingte
Stellung der einzelnen Worte. § 34 wird noch einmal
beides zusammengefasst: ipsa enim natura circumscriptione
quadam verborum comprehendit concluditque sententiam, quae
cum apte construeta verbis est, cadit etiam plerumque numerose; wogegen die folgende Begriffsdefinition wiederum nur auf den
architektonischen numerus Rücksicht nimmt: nam et aures
ipsae quid plenum, quid mane sit iudicant et spiritu quasi
necessitate aliqua verborum comprehensio terminatur.

Nunmehr ist der Orator ins Auge zu fassen, wo der Begriff
des numerus zum Teil noch erweitert erscheint; am Orator
aber ist es schwerer als in den bisher besprochenen Stellen,
zu klaren Vorstellungen über das zu gelangen, was Cicero
eigentlich meint. Im ersten Teile des Werkes finden wir ver-
einzelte Erwähnungen des numerus, die nicht so von Belang
sind. § 37 wird von der epideiktischen Gattung gesagt: ab
hac et verborum copia aliter et eorum constructio et numerus
liberiore quadam freitur licentia, dieselben drei Teile wie de
or. 3, 93. verborum eligendorum et conlocandorum et concludendorum ratio; dann wird, etwas ohne Ordnung, erwähnt
die concinnitas sententiarum, certi et circumscripti verborum
ambitus, das sind unsere bekannten numen, endlich die gorgianischen Figuren, die wiederum zur concinnitas gehören, wie
§ 84 lehrt. fugienda sunt (nämlich die gorgianischen Figuren
vom Atticus), ne elaborata concinnitas . appareat. Was sie
mit dem numerus zu thun haben, werden wir später erfahren
§ 65: wodurch unterscheiden sich die Dichter von den Rednern?
numero maximo videbantur antea et versu, das ist einfache
Uebersetzung von *ῥυθμός* und *μέτρον* (versus = *μέτρον*
§ 172 u. a.); nunc apud oratores iam ipse numerus increbuit

Nun folgt die Definition, die auf beide Arten des Rythmus
passt: quidquid est enim, quod sub aurium mensuram aliquam
cadat, etiamsi abest a versu .... numerus vocatur; darauf
aber mal itaque eingeleitet ein Satz, der mit der mensura
aurium gar nichts zu thun hat. die Sprache Platos und
Democrits sei, weil sie in erhobenem Ton und gewähltem
Ausdruck gehalten sei, viel eher ein Gedicht zu nennen als die
Sprache der Komiker, die sich, abgehen von der äusseren
Versform, gar nicht vom sermo cottidianus unterscheidet. Das
bereitet uns auf die Erweiterung des Begriffes numerus vor,
die wir kennen lernen werden. § 77 wird auf die Ausdrücke:
primum eum (scil. Atticum) tamquam e vinculis numerorum
eximamus und verba obam verbis quasi coagmentare neglegat
(entsprechend dem conlocare und concludere de or. 3, 98 L.)
Bezug genommen mit den Worten: haec duo ei liberius ...
circuitus conglutinaboque verborum, also auch hier ist bei
numerus nur an den Periodenbau gedacht.

Von hervorragendem Interesse ist aber für uns die Partie
§ 140 f. Dort wird die conlocatio in drei Teile geteilt: Con-
locabuntur igitur verba, ut aut 1) inter se quam aptissime
cohaereant extrema cum primis eaque sint quam suavissimis
vocibus aut 2) ut forma ipsa concinnitasque verborum conficiat
orbem suum aut 3) ut comprehensio numerose et apte cadat.
Zu bemerken ist die Verschiedenheit der Terminologie von der
in den Büchern de oratore angewandten: conlocare, das hier
alle drei Teile umschliesst, bezieht sich de or 3, 171 f. nur
auf den ersten, und die Auseinandersetzung über diesen Begriff
deckt sich vielfach mit der hier zu Nr 1 gegebenen. Sodann
ist apte de or. 3, 37 der vierte von den vier Teilen. Latine
plane ornate apte, der numerus gehört dem ornatus an, das
aptum wird dort § 210 f. behandelt und hat mit dem numerus
nichts zu thun; dagegen bezieht es sich im Orator durchaus
auf den numerus. So § 177: quantam habemus aptae orationis
eos principes auctoresque, quos diximus, voraus ging: Isocrates
.. verbis solutis numeros primus adiunxit, sodann: princeps
inveniendi fuit Thrasymachus, cuius omnia nimis etiam exstant
scripta numerose. § 170: numerus nihil adfert aliud nisi ut
ut apte verbis comprehensa sententia, § 228: multo maiorem

habent apta von quam soluta, während sonst die oratio soluta
den Gegensatz zur vincta numeris bildet, vgl § 64. Also apte
ist geradezu Synonymum von numerose.

Zunächst wird der erste Teil erörtert, ut inter se quam
aptissime cohaereant extrema cum primis eaque sint quam suavissimis vocibus. Es wird dafür der Ausdruck structura gebraucht und es kommen zur Sprache die voces hiulcae aut
asperae, die beim Zusammentreffen zweier Worter entstehen,
Contractionen, Elisionen, Umlaut, Asperation der Consonanten,
mit durchgehender Rücksicht auf den Wohlklang · § 153 verba
saepe contrahuntur non usus causa, sed aurium, 157 male
sonabat idem (als nam ang.), impetratum est a consuetudine,
ut peccare suavitatis causa liceret, 158 dulcius visum est,
ignoti ignavi gnati dicere, quam ut veritas postulabat, 159
consule vestalem, reprehendet. refer ad auris, probabunt.
quaere, cur? da se dicent iuvari, voluptati autem aurium
morigerari debet oratio. Mitten hinein fällt unerwartet § 162
die Erwähnung der numeri; duae sunt res, quae permulcent
auris, sonus et numerus. de numero mox, nunc de sono quae-
ramus. Darauf spricht er noch von der Wahl wohlklingender
Worte, und kehrt § 164 wieder zur Erwähnung der numeri
zurück: nec solum componuntur verba ratione, sed etiam
finiuntur, quoniam id iudicium aure alterum nostrum diximus
Wir lernen hier einen neuen Terminus kennen, mit diximus
bezieht sich Cicero auf die Worte: vocum et numerorum aures
sunt iudices § 162 und duae sunt res, quae permulcent auris,
sonus et numerus § 163, und bezeichnet damit finire als das
synonyme Verbum zu numerose. Es entspricht dem aristotelischen
περαίνειν im Sinne von »gestalten, gliedern«. Es scheinen also
hier die numeri mit zu dem ersten Teile der conlocatio zu
gehören Die folgenden Worte bezeichnen sie als den beiden
ersten Teilen gemeinsam: sed finiuntur (scil. verba) aut compositione ipsa et quasi sua sponte aut quodam genere verborum,
in quibus ipsa consonantia inest; denn forma ipsa concinnitasque verborum war oben als zweiter Teil aufgeführt worden
Dass mit compositio der erste gemeint ist, bestätigt § 201: tres
partes conlocationis, quas diximus, compositio consonantias
numerus. Es bleibt noch übrig der dritte Teil, der ja eigentlich

erst vom numerus handeln sollte; seine Besprechung wird
§ 168 mit den Worten eingeleitet: ergo et in numeri sunt cognrth
et genus illud tertium explicetur quale sit, numerosae et aptae
orationis. Also wir haben numerus in allen drei Teilen und
numerosus scheint einen engeren Sinn zu haben; dagegen ist
der Gebrauch umgekehrt in § 208: quod numerosum in oratione
dicitur, non semper numero fit, sed nonnunquam aut concinnitate aut constructione verborum.[1]

Wir müssen uns also den numerus im ersten und zweiten
Teil der collocatio näher ansehen. Zunächst den im zweiten,
in der concinnitas. Genennt sind damit die gorgianischen
Figuren, s. § 164, quodam genere verborum, in quibus ipsa
concinnitas inest; quae sive casus habent in exitu similes, sive
paria paribus redduntur, sive opponuntur contraria, sancte
natura numerosa sunt, etiamsi nihil est factum de industria
in huius concinnitatis consectatione Gorgiam hunc principem
accepimus. Hier ist numerosus entschieden über sein ursprüng-
liches Gebiet hinaus erweitert, es hat nichts mehr mit pporus
zu thun, sondern bezieht sich auf eine Empfindung der Responsion,
des Gleichgewichts, welche aus dem Inhalt der Worte entspringt[1]).

---

1) Diese Erweiterung des ῥυθμός ist den griechischen Rhetoren im
Allgemeinen fremd, doch begegnen wir ihr auch bei Aristides. Derselbe
spricht rhet. I, 1, 7 von dem Unterschied der ῥυθμός im λόγος denken und
...
des ῥυθμός ist hier der »Fluss der Rede« im weiteren Sinne, den
Fluss der Gedanken mit umfassend.

Cicero citiert dann einen Satz aus der Miloniana: est enim,
iudices, haec non scripta, sed nata lex, quam non didicimus,
accepimus, legimus, verum ex natura ipsa adripuimus,
hausimus, expressimus, ad quam non docti, sed facti, non in-
stituti, sed imbuti sumus und fügt hinzu: haec tuba sunt, ut
quia referuntur ad ea, ad quae debent referri, intellegamus
non quaesitum esse numerum, sed secutum. die Beziehung der
parallelen Glieder auf einander wird dem Zuhörer nicht durch
Abzählung derselben aufgenötigt, sondern ergibt sich aus dem
Inhalt allein, es ist also Sache des numerus, einen Parallelismus
zum Ausdruck zu bringen, der nicht in quantitativen Verhältnissen liegt. § 166 wird als Beispiel des numerosum angeführt: „quod scis, nihil prodest; quod nescis, multum obest",
wo auch nur die inhaltliche Responsion aller einzelnen Worte
bemerkenswert ist, und es wird dann geradezu ausgesprochen:
semper haec, quae Graeci ἀντίθετα nominant, cum contraria
opponuntur contraria, numerum oratorium necessitate ipsa
efficiunt etiam sine industria.

Dagegen ist der numerus des dritten Teils, der § 168 f
besprochen wird, der uns geläufige. Seine Sache ist der per-
fectus completusque verborum ambitus, es verstossen gegen ihn
die curta und redundantia, hervorgebracht wird er durch
vincire und explere sententiam. Auch für ihn erscheint der
Ausdruck finire § 170. sed et ipsa infracta et amputata lo-
quuntur et eos vituperant, qui apta et finita pronuntiant.

Was haben wir uns nun aber bei dem numerus zu denken,
der compositione ipsa entsteht? Cicero scheint selbst vor der
Erweiterung, die er dem Begriff numerus angedeihen liess,
zurückzuschrecken. Während ihm § 166 der numerus aus den
ἀντίθετα mit Notwendigkeit hervorging, sagt er § 175 von
den gorgianischen Figuren nur efficiunt plerumque numerose,
und § 183 sind sie nur ein finitorum numero. Am deutlichsten
spricht sich seine Unsicherheit über die Grenzen des numerus
§ 179 f. aus. Cicero will § 174 f die hier angeregten Fragen
genauer erörtern nach den vier Gesichtspunkten: origo causa
natura usus. Beim ersten Punkte handelt er vom architektonischen numerus, und erwähnt Isocrates und Thrasymachus,
der ja zuerst die Rede in Kola und Perioden geteilt haben

soll, sodann von den gorgianischen Figuren Die Besprechung
der casum § 177 f. dreht sich nur um den architektonischen,
lediglich quantitativen Rythmus; es ist von der vocum mensio
die Rede, die das Ohr heranbringe, von longiora und breviora,
mutila und productiora Bei Behandlung der casum § 179 f.,
die Cicero selbst als der ars infima angehörig bezeichnet,
werden nun eine Reihe Fragen aufgeworfen quaeri enam
potest, qui sit orationis numerus, et ubi sit positus et natus ex
quo, et is uonane sit an duo an plures (d. i. möglicherweise
drei Arten nach dem Erörterten), dann weiter: a sit numerus
in oratione, qualis sit aut qualea, et e poesieme numerus an
ex alio genere quodam, et, si e poeticis, quis eorum sit aut qui.
Hier ist an den inneren Rythmus, an die Versfüsse gedacht.
Noch viel mehr ähnliche Fragen sind hier zusammengehäuft;
uns interessiert besonders § 181: quod dicitur in oratione
numerosum, id utrum numero solum efficiatur an etiam vel
compositione quadam vel genere verborum; an sit suum eunde-
que, ut numerus intervallis, compositio voribus, genus ipsum
verborum quasi quodam forma et lumine orationis appareat,
d. h. darf das numerosum bloss in quantitativem Sinne (intervallis) verstanden werden, oder gehört die Rücksicht auf den
Klang, welche Sache der compositio ist, sowie der durch die
Worte selbst und ihre gegenseitigen Beziehungen in den gorgianischen Figuren gegebene Redeschmuck ebenfalls mit unter
den Begriff des numerosum? Im Folgenden wird plötzlich ein
weiterer Begriff der compositio angenommen — atque omnium
fons compositio ex eaque et numerus efficiatur et ea, quae
dicuntur orationis quasi formae et lumina, quae, ut dixi, Graeci
vocant σχήματα --, aber sogleich wieder fallen gelassen; si
non est unum nec idem, quod voce iucundum est, quod
moderatione absolutum est (d i numerus im engeren Sinne,
Augustin de mus. 1 9, wol nach Varro, wird immoderatio und
infinitas zusammengestellt, als Gegensatz zu mensura und
modus), quod illuminatum genere verborum . compositio
autem ab utroque differt, quae tota servit gravitati vocum aut
suavitati.

Wir haben also einen dreifachen numerus, den der compositio, der sich in dem angenehmen Fluss der Rede äussert,

der durch die Zusammenstellung wohlklingender Worte entsteht
— diese Rücksicht auf den Klang erklärt es, wie numeri sowol
wie modi schließlich geradezu die Melodie bedeuten konnten —,
den der concinnitas, der durch Parallelismen der grammatischen
Formen oder der Wortbedeutungen entsteht, und endlich den
rein quantitativen. Auch § 202 werden die drei Teile: compositio concinnitas numerus zusammengefaßt als numeri und
gleich darauf heißt es. id quod numerosum in oratione dicitur,
non semper numero fit, sed non usquam aut concinnitate
verborum. Anders gewendet dagegen ist diese Dreiteilung
§ 219, wo auf die Frage des § 204 cum aliud videatur esse
numerus, aliud numerosum, quid intersit? so geantwortet wird:
compositione potest intelligi, cum ita structa verba sunt, ut
numerus non quaesitus, sed ipse secutus esse videatur und
dann von den gorgianischen Figuren: quocquid ita concluditur
plerumque fit ut numerose cadat; denn hier kommt das numerosum doch numero zu Stande und der numerus erscheint nur
als zufällige Begleiterscheinung von compositio und concinnitas;
die Erweiterung des Begriffes des numerosum wird also damit
fast zurückgenommen. Es ist denn auch in den übrigen Partien
des orator immer nur vom numerus in quantitativem Sinne
die Rede und zwar ist auch hier immer das Hin- und Her-
schwanken zwischen architektonischem und innerem Rythmus
zu bemerken. § 184 schwebt ihm der innere Rythmus vor,
a. o. S 41, denn anders sind die angeführten Beispiele
nicht verständlich. § 188 findet ein unvermittelter Uebergang
zur Besprechung der Versfüße statt. Als ein recht blind zu-
fahrender Dilettant zeigt sich Cicero § 194 in den Worten:
Ephorus ne spondeum quidem, quem fugit, intellegit esse
aequalem dactylo, quem probat; syllabis enim metiendos pedes,
non intervallis existimat; die reine mathematisch messende,
rythmische Theorie wird in unüberlegter Weise auf die Betrachtung lebendiger Rythmen angewandt, ein Fehlgriff, dem
wir auch bei Quintilian begegnen werden [1]. In § 198 gleitet

1) Leo's Auffassung der Stelle Hermes 24 S 345 kann ich nicht
teilen. Sollte man wirklich vor den isokrateern Spondeen und Dactylen
zu erkennende Rythmen als gleichbedeutend angesehen haben? Cicero

er leite wieder auf den Begriff des architektonischen Rythmus
über, doch in so unbestimmten Ausdrücken, dass man deutlich
ersieht, er bringt es nicht zu klarem Bewusstsein, dass er
von zwei Arten des Rythmus handelt. nec vero in aurium est
numerorum ... nihil ut fiat extra modum (d. i. der innere
Rythmus, wie in de oratore); .. sed omnis nec claudicans
nec quasi fluctuans sed aequaliter constanterque ingrediens
numerosa habetur oratio, was sehr allgemein gehalten ist, und
weiter unten: non sunt in ea (in o oratione) tamquam ähnlich
percussionum modi, das sind die Einzeltakte des inneren Rythmus,
sed universa comprehensio et species orationis clausa et terminata est; dies bezieht sich deutlich auf den architektonischen
Rythmus, auf den claudere und terminare oft angewendet
werden § 210 bedeutet numerosa oratio die periodische im
Gegensatz zum incise membratimve dicere § 212 Von der
periodischen Rede wird 213 gesagt fluit omnino numerus a
primo tum incitatius brevitate pedum, tum proceritate tardius;
auch hier ist numerus der architektonische, denn brevitas
pedum bezieht sich nicht auf die Kleinheit der Einzelfüsse,
sondern diejenige der dadurch gebildeten Glieder, was § 216
besser mit paucitas pedum ausgedrückt wird. ebenso proceritas,
gleichwie der Anapäst de or. 3, 183 ein numerus procerior
hiess von der Länge der durch ihn gebildeten Glieder insofern
autem ambitus modis pluribus, breust es weiter; auch hier ist der
innere Rythmus durch modi bezeichnet; aber § 214 wird auch
hierfür numerus gebraucht: „ ... comprobavit'. hoc dichoreo
tantus clamor concboris excitatus est, ut admirabile esset
quaere nonne id numerus effecerit? Ebenso wird § 222, während
in § 210 die numerosa oratio den Gegensatz zu der in Kola
und Kommata verlaufenden bildet, gerade beim membratim
dicere das numerosum verlangt; desgleichen § 225 das numerosum etiam in minima particula erwähnt, nachdem unmittelbar
vorher numerosa comprehensio im Sinne von § 210 erwähnt
war. Endlich noch eine unsichere Andeutung der weitesten
Bedeutung von numerus § 228. hanc igitur avo compositionem

spricht de or. 3, 183 in ganz ähnlicher Weise vom vierten Paeon: est
autem paean hic non syllabarum numero, sed quodam tempore, quod est
acutus inductus et curtus (wie oberflächlich?). par fere (inhalt) oratio

(im weiteren Sinne vgl. 181: atque omnium fons compositio ex eaque et numerus efficiatur et . . σχηματα) ave perfectionem (vgl 168: aures mens et perfecto completoque verborum ambitu gaudent et curta sentiunt nec amant redundantia) ave numerum vocari placet, adhibere necesse est, si ornati velis dicere.

Der architektonische Rythmus gehört dem Cicero allein an, die griechischen Rhetoren verstehen — abgesehn von jenem einmaligen Gebrauch von ευρυθμον bei Dionys — unter ῥυθμός im Anschluss an Aristoteles den inneren Rythmus. Nach Herzog de idem I 1 entsteht der Rythmus aus συνθεσις und διαιρεσις, der Zusammenhang zeigt, dass gemeint ist die Silbenfolge innerhalb der Glieder und die Wahl der schliessenden Versfüsse. zb. c 7 wird ῆχος μιτρον και ευρυθμιας δραματος dadurch vermieden, dass τωδις διαιρεσεις δεουτεις και διασκληωθαι zusammengestellt werden. Bei Demetr. de eloc. c 40 wird des Thucydides μεγαλοπρεπεια vor allem durch die ῥυθμός τραπορτης bewirkt, dies geht nach c 39 auf den wohlberechnetsten Gebrauch langer Silben, besonders am Anfang und Schluss des Satzes. So heisst es auch c 6 von dem Satze des Xenophon anab 4, 4, 3: ουτος μεν ην μεγας μεν ω, καλός δε: η συμπορτησι και συναωση του ῥυθμου συντασις ρατη και η συμπορης του ποταμου. Die Bemerkung besteht sich wesentlich auf den Abschluss des Satzes mit der bedeutungslosen Kurze δε.

Ich gehe zu den lateinischen Metrikern über. Von Varro's (de sermone latino I IV behandelte metrische Dinge s. Wilmanns de Varronis libris grammaticis p 65 f; doch war dies kaum die einzige Behandlung der Metrik, s. u.) Handhabung unserer Termini und uns veranlasste Notizen bei den eigentlichen Metrikern erhalten, eine ausführliche Erörterung aber über Rythmos und Metron, die systematisch vorschreitet und einen festen Gebrauch der Termini zeigt, haben wir bei Augustin de musica.

Da Augustin den Varro zu Grunde legt, wie Weil Jahrb. 1862 p 336 f gezeigt hat (cf Wilmanns I L) — gegenüber Westphal, der I 129 Augustins Arbeit für selbständig und originell hält, s. Weil Jahrb Bd 95, 131 — so werden wir in den hierhergehörigen Erörterungen mit Recht im Wesentlichen arremachen Bewutsen erkennen dürfen und sie daher zu Grunde zu legen haben

Zuerst lernen wir bei Augustin, dass pes nicht den sprachlichen Fuss im engern Sinne bedeutet, sondern allgemein den Takt als Teil des Rythmus: ,Modus qui pes est'? Discip. Pyrrhichius .. Mag. si tympanum vel chordam bis percuterem tam raptim et velociter quam eum enuntiamus modus aut bonus, agnosceres et tibi eadem tempora esse, an non? D Agnoscerem M Vocares ergo pedem pyrrhichium Es sind also die pedes gleichmässig die Elemente des Rythmus wie des Metrum. Einen abweichenden Gebrauch finden wir bei Marius Victorinus p 48. metrum est pedum quaedam compositio, rythmus autem temporum inter se ordo quidam (vorher geht: differt rythmus a metro, quod metrum in verbis, rythmus in modulatione ac motu corporis sit) und schärfer p 44: inter pedem et rythmum hoc interest, quod pes sine rythmo esse non potest, rythmus autem sine pede decurrit, pes also geradezu Synonymon von metrum im Gegensatz zu rythmus, was dem varronischen Sprachgebrauch durchaus widerspricht. Numerose moveri geschieht nach cap. 3 servatis temporum atque intervallorum (identisch mit temporum) dimensionibus; c 8 werden dimensiones et numeri auf die Verhältnisse der Taktteile bezogen, in gleichem Sinne werden c 9 mensura und modus gebraucht.

Der Unterschied zwischen Rythmos und Metron — mit numerus und menso oder mensura beiläufig übersetzt — wird III c. 1 dahin bestimmt, dass der Rythmus unaufhörlich fortfliesst — puto nos ex te quaero, utrum possint copulari sibi pedes, quos copulari oportet, perpetuam quandam numerum creare, ubi nullus certus finis appareat; das metrum dagegen bringt den modus hinzu, die Abgrenzung bestimmter Abschnitte; et certis pedibus currit et certo terminatur modo. itaque non solum metrum propter magnam finem, sed etiam rythmus est propter pedum rationabilem connexionem. Man könnte zweifeln, ob zwei verschiedene Compositionsweisen[1] hier bezeichnet

1) Der concrete Gegensatz von Rythmus und Metrum findet sich auf römischem Boden schon bei Lucretius v 55 Ribb verssersus von numerum anvers studuissem, c L Müller d satura Vers 2 5 In Plautus' Grabschrift dagegen bei Gellius 1, 24 ist sogar ganz allgemein so ausgesprochen

werden, was die Worte. Und superius genus copulationis rythmum a Graecis, hoc autem alterum metrum vocari anudeuten scheinen (V c 1 werden die zwei genera genauer geschieden als rythmus tantum und ita rythmus ut metrum, wo also das Wort rythmus an sich nicht gerade das eine genus ausschliesslich bezeichnet), oder ob der Unterschied ein rein abstrakter ist — eine Ungewissheit, die bei manchen andern verhängnisvoll hervortritt, wie wir später sehen werden Varro scheint das letztere gemeint zu haben, wie aus andern Anmerkungen Augustins hervorgeht: die rythmische Bewegung an sich ist, wie die Zeit selbst, ununterbrochen fortlaufend, so lange wir die Aufmerksamkeit dem Vortrag eines poetischen Produktes zuwenden, nur der Stoff, an dem sie zur Erscheinung kommt, kann Grenzen und Abschnitte haben So sagt Augustin im Anfang: velut cum symphoniaci scabella et cymbala pedibus ferunt, certus quidem numerus et his qui alia cum aurium voluptate ranguntur; sed tamen tenore perpetuo, ita ut si tibias non audias, nullo modo tibi notare possis quousque procurrat comixo pedum et unde rursus ad caput redeatur Denn die Taktklötzer und die eintönigen Schlaginstrumente bringen nur den absoluten Rythmus zur Darstellung, erst die Melodie der fibia verdient als wirklicher Stoff des Rythmus angesehen zu werden. So auch weiter unten. ipsa provocabo — die Bewegung an sich — non habet modum nec statutum est, in quoto pede fiat aliquis eorum! Dazu stimmt der Satz I c. 11: ista vis numero inest, ut omnis dictus finitus sit, non dictus autem infinitus. Also die dictio an sich bringt zum numerus das metrum, ein in der dictio erscheinender numerus ohne metrum — und ein solcher müsste bei der erstgenannten concreten Auffassung des Gegensatzes anzunehmen sein — ist hier ausgeschlossen. (Freilich steht der Satz dort in einem ganz andern Zusammenhange, aber ohne hierherzupassen, so dass wir

fassend et numeri numeros nisi omnes enumerarunt. Zahlen (vgl. numeri numeros) sind zwar Plautus' Rythmos nicht, aber sie werden eben dem Wortspiele halber aufgerechnet nicht dagegen liegt in numeri, wie Ernesti in ihrem rhetoricum s v numerus meint, eine Andeutung, dass die komischen Verse eigentlich ohne lege (vgl Ruhnken p 584, a n.) componirt seien.

berechtigt sind, ihn langedibst zu benutzen, es wird nämlich die Behauptung ipsius numeri finem nullum esse in Bezichung auf die Verhältnisse der Taktteile mit der Unendlichkeit der Zahlenreihe begründet, so dass z. B. der λόγος der ἴδιος in den Verhältnissen 1 : 2, 2 : 4, 4 : 8 und so weiter ins Unendliche ausgedrückt werden kann. III c. 3 allerdings schwebt dem Augustin wieder der concrete Gegensatz vor; er führt da als Beispiel des rythmus, in quo nullum metrum est, eine Reihe von zehn Pyrrhachen an: ago celeriter agile quod ago tibi quod amena velit, die ihm deshalb, weil sie die Grenze des Vorausfangen überschreiten, zum Beleg für diesen Rythmus geeignet erscheinen. Varro selbst hat den Gegensatz nur abstract gefasst, wie auch die bei Diomedes p 512 (frg. 60. Wilmanns) ihm beigelegte Definition besagt: Varro dicit inter rythmum, qui latine numerus vocatur, et metrum hoc interesse, quod inter materiam et regulam; rythmus der ungeteilte, ungemessene Stoff, metrum der Maasstab, nach welchem er zerlegt wird; das stimmt mit Aristoteles Auffassung, nach welchem die μέτρα μόρια oder σχηματα des Rythmus sind. Fern ist auch Charisius 289. rythmus est metrum fluens, metrum rythmus clausus.

Bei Augustin wird ferner III c. 2 der Unterschied zwischen metrum und versus dahin statuiert, dass versus nur dasjenige metrum bedeutet, das durch eine bestimmte Caesur geteilt ist. (Nach V, 1 dürfen wir auch die ungeteilten metra versus nennen, aber es ist dies ein abusus, eine licentia.)

c. 4 handelt von der Zusammenstellung der Versfüsse im Rythmus. Der rythmus braucht nicht aus einem und demselben pes zu bestehen, sondern es dürfen auch als legitime numerti sein. V c. 1 wird legitimis pedibus provolvi dem rythmus sowol wie dem metrum zugeschrieben, III, 1 heisst es dafür pedibus certis provolvi. Das legitime nun enthält zwei Forderungen, erstens, sie müssen gleich an Umfang sein (die Forderung absoluter Taktgleichheit ist besonders charakteristisch für Augustins System) und zweitens, sie müssen plasma aequalis haben; plasma aber bedeutet nicht den rythmischen Fall, sondern nur die Teilung des Fusses und die Folge der Taktteile (ähnlich wie das darartigen flatus der Dochmius beim Aeschylusscholiasten ein blosses Zählen, kein

Scandiren bedeutet), wie z. B IV, 16, § 33 vom duambus gesagt wird, etiam ad duplum et semplum pleudi potest, also es kann $\cup - | \cup -$ und $\cup - \cup | -$ getelilt werden, was ja für den rythmischen Vortrag gleichgiltig ist, daher können Dactylen mit Anapästen verbunden sein, da sie beide durch das Verhältnis 2 : 2 dargestellt werden, nicht dagegen Jamben und Trochäen, da 1 : 2 und 2. 1 einen verschiedenen plausus geben.

Wo verschiedene Fusse auf diese Art verbunden sind, gibt derjenige dem Rythmus den Namen, der im System der Fusse an erster Stelle steht, also meist der, der die geringere Anzahl von Silben hat, z B die Verbindung von Anapästen mit Proceleusmatikern heisst anapästischer Rythmus. Diese Function wird als rythmum facere oder principatum tenere bezeichnet Fusse von mehr als vier Silben werden nicht statuiert (c 5); da man aber besprochene Jonici durch Auflösungen fünf- und sechssilbig werden können, so entstehen Silbengruppen, die zwar als Stellvertreter von Fussen dienen können, nicht aber selbst den Namen pedes beanspruchen dürfen. Zur Herstellung der Taktgleichheit gibt es nun zwei Mittel; das eine ist das Ansetzen von Pausen von einer bis zu vier Moren am Schluss des metrum, die dem letzten Fusse mit zugezählt werden (c 7 L, silentiorum spatia certa, auch als intervalla bezeichnet c. 8: annumeratur sono certum atque dimensum intervalli silentium); das andere Mittel ist die Zusammenstellung getrennter Teile eines metrum zu einem Fuss. So wird l. IV c 13 der Anaklomenos behandelt; $\cup \cup - \cup - \cup - -$ in der Mitte geteilt ergibt keine Taktgleichheit; wenn man aber die ersten beiden Kurzen mit dem Schlusspondeus zusammenbringt $\cup \cup | - \cup - \cup | - -$, so ergibt sich das Verhältnis 6 · 6, ebenso wenn man teilt $\cup \cup - | \cup - \cup - | -$ Es erinnert dies Verfahren sehr an die Erklärung der anaklasis durch ἀνάκλασις, welche Heliodor nach Mar. Vict. p. 94 gab, vgl. Rossbach Metrik S 288 Es wäre eine lohnende Aufgabe, das System des Augustin einer genauen Untersuchung zu unterziehen So fest gebaut und consequent es erscheint, so fehlt es doch nicht an Widersprüchen; z B von den beiden Teilungen des Anaklomenos widerspricht die erste der Forderung des plausus aequalis, nicht die zweite, da ja der Duambus, wie wir sahen, auch 4 : 2

9

geteilt werden kann, also $\smile\smile - \mid \smile - \smile' - \mid \cdot\cdot$ Hat Varro

vielleicht nur die zweite statuiert? Ganz singulär steht die Behauptung I III c 4. Der Molossus könne mit allen sechszeitigen Füssen verbunden werden, partim propter anguli duplique rationem; partim propter illam, quam nobis plausus ostendit, partitionem longae syllabae, quae singula tempora parti utrique concedit, also $- \frac{1}{} - 3:3.$ Wenn wir das dürfen, dann wird die Annahme von Füssen, die zwar gleichlang sind, aber verschiedenen plausum haben, illusorisch; dann können wir auch den Antispomenos in zwei Hälften zerlegen $\smile\smile - \smile \frac{}{}\smile\smile - - $ [1].

------

[1] Dies geschieht wirklich bei Mar. Victorinus p. 66 „Cybebe rotabo *amat* his re, item ut brevis, pro longa accipitur, Cyb**e**be *re* *eam* detractum unum tempus sequente syzygea et unicuit syllabe huic impertietur, ne fiat primo syzygea pentachronus, sequens heptachronus igitur secundae compressione prima syllaba. ... brevis remanet facta unius temporis, suppressam autem u *eo* syllabam, quae fuerat brevis, commercio eae procerstatis ostendit. Später heisst es, nach Jobs = Heliodor an diesen kann **v**ersus rythmaeum, sondern es komme mehrere metrum es Stande, nämlich durch Epiploke $\smile\smile\mid -\smile -\smile\mid --\smile\mid$ $-\smile-\smile\mid --$ Die ratios enthält der Annahtomenos, insofern die Teilung nach dem Silbenschema auf keine Weise Taktgleichheit ergibt, rythmisch ist dieser versus, insofern die Kantone aus einem solchen Verse ... durch die Eigenschaft des Rythmus, auch um die Zeiten allein, ... um die Silbe zu ..., ... wird, denn Taktgleichheit wird als ... erfordernis vorausgesetzt, jene ... des rythmus ist aber auf die Spitze getrieben, insofern wo die Taktgrenze innerhalb der zwei Mora einer Silbe ... gestattet. Bei der Epiploke dagegen ist die Taktgleichheit im Silbenschema vorhanden, daher ratio motiva. Die beiden bei Augustin ... Behandlungsweisen werden hier richtig in Gegensatz zu einander gebracht. Wir sehen, dass die Handhabung der Annahme in ihrem Grundgedanken älter ist als Heliodor, wogegen jene andere Methode nachvorzunehm Ueberspitzung des rein mathematischen Rythmusprincip ist Heliodors Verfahren ... auch den Namen Annahme, der später ... Gattungsname für alle Form gleichen Umfangs werde (s. Westphal Rythmik § 213 4) Die Worte des Hephaestionsscholiasten p 123 ... ... der Silaphen als Silalph es ... werden ... ursprünglichen Sinne nicht auf die Wegnahme oder Zufügung einzelner Silben, wie es der Scholiast ... und Mar. Victorinus p 68 schliesst, zu ... aus,

Die Zerfällung der Länge passt also nicht in das System.
(Wir begegnen demselben Mittel auch einmal beim Pindar-
scholiasten zu Ol 3, 1 ff, dort wird 'Ἀγησιχόρας (mc) als
dactylisches Penthemimeres erklärt, indem die letzte Länge
in zwei Kürzen zerfällt, von denen die erste zum Dactylus
gehört, die zweite als Schlusssilbe die Länge vertreten darf
‿ ‿‿‿‿ ‿ ‿‿) Auch in der Terminologie ist Augustin nicht
rein varronisch, er nennt i B III c 4 den Fuss ‿ — — bacchius,
nach der später üblich gewordenen Bezeichnung der griechischen
Metriker, während bei Varro vielmehr — — ‿ bacchius ist, im
Uebrigen aber wandelt er durchaus auf den Bahnen des sog.
älteren Systems (s Leo Hermes 24, 281 f), er zieht wiederholt
(im 5 Buche) den Heroicus und den Trimeter (V c. 8. aenarii
... principatum quendam in versibus habere dicuntur ganz
varronisch, s. Westphal I² S 116) heran, operiert auch gelegent-
lich mit adiectio und detractio (V c 19), während er der metra
prototypa nirgends Erwähnung thut.

In der Pausentheorie versteigt er sich allerdings zu ziem-
lichen Absurditäten, er bringt sie in Verbindung mit einer
Ergänzungsmethode, s B IV c. 14, wo der alcaische Vers
— ‿ ‿ | — — — | ‿ ‿ — — so zerlegt wird; eine Pause von
zwei Moren am Schluss muss den ersten und dritten Fuss je
zu einem sechssilbigen ergänzen und so die Taktgleichheit her-
stellen. Hier gälte es zu untersuchen, wie weit wir in den
tollen Consequenzen der Methode varronisches Gut erblicken
dürfen

Wir sehen uns kurz bei den andern Metrikern nach den
Spuren Varro's um. Zunächst bei dem ältesten (s Schulz,
Hermes 22, 260 f), bei Pseudocensorin, der schon ein ziemliches
Durcheinander aufweist. Das Capitel de numero (p. 607 K) be-
schäftigt sich mit dem Gegensatz von Rythmus und Metrum

als lyrische und stichische Compositionen. Die inventio metrica sei älter als die musica; als Beleg dafür werden die epischen und elegischen Dichter, sowie die Erfinder des Trimeters und Tetrameters angeführt. Im Gegensatz dazu stehen die Lyriker, Alcman, Terpsia und Pindar, qui liberos eham numeros modis edidit. modi als Eigenschaft der metra im Gegensatz zum blossen Rythmus ist varronisch, hier beziehen sie sich auf metra im engern Sinne, d. h. stichische metra, die numeri modis liberi also auf die willkürliche Folge ungleicher Kola, dies bestätigt auch das folgende: hos secuti sunt Timotheus et Polyidos etc., also Dithyrambiker, gerade dem Dithyramb ist die Ungleichheit der Kola charakteristisch nach Theophrast bei Cic. de or. 3, 185 s. o. Wenn freilich hier unter den musici auch Aristoxenus mit figuriert, so ist das die Vermengung von praktischen und theoretischen musici, der wir auch anderswo begegnet sind. Ein Grund, liberos numeros modis zu ändern, liegt nicht vor, liberis numeris modos schrieb Hermann, liberos numeros modis ändert Lachmann, liberos numeris modos Keil. Der Satz sagt dasselbe, was Horaz c. 4, 2, 12 sagt: Pindarus numeris fertur lege solutus [1]); denn das metrum bildet nach Varro die regula für die numeri; Pindars Strophen und vollends die Dithyramben können mit keiner regula gemessen werden. Freilich müssten wir Keils Aenderung annehmen, wenn die Terminologie unseres Autors eine constante wäre, denn im Folgenden gebraucht er geradezu modus für rythmus p. 609, 611 und numeri für metra p. 610. Doch folgt dort gleich eine Definition von numerus: aequalium pedum legitima ordinatio; die ganz varronisch klingt und auf numerus im Sinne von Rythmus passt; legitimi pedes sowie deren aequalitas als Erfordernis des Rythmus haben wir bei Augustin kennen gelernt. Dass aber Pseudocensorinus ganz aus Varro stamme, möchte ich wegen jener Verschiedenheit der Terminologie Leo (Hermes 24, 281) nicht zugeben.

Bei Diomedes p. 473 K. finden wir eine doppelte Definition von Rythmus, der eine doppelte von Metrum gegenüber steht.

---

1) Vgl. Simonides ep 3, 1: ἄφωνά τε καὶ φθεγγόμενα διδασκαλία τοῦ Simonides und Pindar

De habent: rythmus est pedum temporumque modura eum brevitate sine modo. alia sic, rythmus est versus magno modulata servans numerorum syllabarum positonem saepe sublationemque confinens (?). — Metrum est pedum iunctura numero modoque finita. vel sic, metrum est composito pedum ordine statuto decurrens modum positionis sublationesque conservans. In der ersten Definition ist schon eine mode varronisch, denn eben der modus, die Abgrenzung bestimmter Abschnitte, unterscheidet bei Augustin das metrum vom rythmus. Wenn das metrum dagegen iunctura numero modoque finita heisst, so bedeutet hier numerus nicht den Rythmus, sondern numerus modusque ist Doppelausdruck für den einen Begriff »begrenzte Anzahl«. Wir finden nämlich denselben Ausdruck in einer andern auf Varro zurückgehenden Stelle bei Servius de accent. 8 = fg. 55 Wilmanns: Der Silbmae hat drei Dimensionen: longitudinem altitudinem crassitudinem. longitudinem tempore ac syllabas metimur, nam et quantam morae enuntiandis verbis teratur et quanto numero modoque syllabarum unumquodque sit verbum, plurimam refert. Uber kann dem Zusammenhang nach numerus modusque gar nicht zweierlei bedeuten. Ganz ähnlich im Ausdruck mit Diomedes ist die aus Varro, der gleich danach namentlich citiert wird, geschöpfte Bestimmung der παραφαὴ bei Gellius 16, 18, per quam syllabarum longarum et breviorum et mediocrium iunctura et modus congruens cum principiis geometriae aurium mensura examinatur. Die Metrik bildet mit Rythmik und Harmonik zusammen die Kanonik, diese mit der Optik zusammen die Geometrie. Von Kanonik und Optik wird gesagt: utraque harum spatiis et intervallis linearum et ratione numerorum constat. Nun, einer rein geometrischen Behandlung der Metrik ist Augustins Verfahren durchaus ähnlich; wenn Varro selbst bei Gellius am Schluss sagt: voluptas vel utilitas talium disciplinarum in postprincipiis existit, cum perfectae absolutaeque sunt, in principiis vero ipsis ineptae et insuaves videntur, so entsprechen die letzten Worte dem Eindruck, den der unbefangene Leser von Augustins System zunächst gewinnt, aber sie verstärken gerade die Empfindung, dass es seines (d. h. Varro's) Geistes Weben ist, das

wir da verspüren. Eine geometrica ratio entdeckte Varro nach
Gellius 18, 15 in der Caesur des Hexameters (Westphal I² 117),
auch dies führt Augustin (V c. 3) aus, s. Weil Jahrb. 1863
S. 236. Nun ist die ratio dort allerdings nicht die von Weil
aufgestellte, dass die Teilung der 12 Halbfüsse in 5 + (3 + 4)
eine aequalitas ergibt, insofern $5^2 = 3^2 + 4^2$; vielmehr teilt
Augustin den Hexameter in (2 + 3) + (3 + 4) und das gibt
eine Proportion, zwar keine geometrische, sondern eine arith-
metische 2 + 3 — 3 + 4, aber geometria ratio im allgemeinen
Sinne ist das auch, insofern dabei nach Varro's Ausdruck (a. o.)
mit spatia et intervalla linearum und ratio numerorum operiert
wird. Diesen weiten Sinn hat geometria auch bei Quint. I 2, 35,
sie umschliesst numeros et formas, also Arithmetik und Geometrie,
dazu auch Astronomie § 44, auch das ist varronisch, s. Ritschl
opusc. III, 359. Nun fand sich aber die betreffende Auseinandersetzung Varro's nach Gellius in den libri disciplinarum; es
scheint daher jenes ganze System der principia der Metrik, auf
dem Augustin fusst, nicht sowol im vierten Buch de sermone
latino, als vielmehr in den libri disciplinarum auseinandergesetzt
gewesen zu sein. Da Augustin selbst retract. I 6 (Ritschl
op. III 354) sein Werk als Teil des geplanten grösseren Werkes
disciplinarum libri bezeichnet, so liegt der Gedanke am nächsten,
dass es dem betreffenden Buch von Varro's disciplinae entspricht.
Die bei Gell. 16, 18 gegebene Einteilung, wonach die Metrik
ein Teil der Geometrie ist, stammt nach Ritschl S. 443 vielleicht
aus dem Werk de principiis numerorum, mit der bekannten
Einteilung der disciplinae verträgt sie sich allerdings nicht recht.
Wol aber konnte auch da das Beherrschtsein der Metrik durch
die Gesichtspunkte der geometria hervortreten, die reine Zahlen-
lehre bringt Augustin de ord. II c. 14 in enge Beziehung zur
Metrik und behandelt sie dementsprechend auch im sechsten
Buch de musica. Wenn Ritschl S. 383 mit Bestimmtheit behauptet, die Metrik sei bei Varro ein Teil der Grammatik und
sie aus diesem Grunde der Schrift de sermone latino zuweist,
so kann sich dies nur auf die mit der Sprache eng zusammen-
gehörenden Fragen der Metrik, z. B. Prosodie, beziehen, dagegen tritt die systematische Behandlung derselben, wie sie

Ich kehre zu Diomedes zurück. Cum levitate wird wol bedeuten, dass die pedes so zusammengestellt sein müssen, dass ein angenehmer rythmischer Fluss entsteht. Varronisch ist auch, dass pedes sowol dem rythmus wie dem metrum zugeschrieben sind. Nun werden aber dem rythmus pedes temporaque zugeschrieben, dem metrum pedes allein. Sollten auch die tempora auf die Pausen beziehen? In Augustins System freilich sind die Pausen gerade für die metra wesentlich, denn sie werden benutzt, um eben in den durch das metrum gegebenen Abschnitten Taktgleichheit herzustellen. Aber in metra im engeren Sinne, d. i. Hexameter, Trimeter, Tetrameter, bedürfen wir allerdings der Pausen zu einer gleichmässigen Scansion nicht und insofern können sie dem rythmus spociell zugeteilt werden. Diese Anschauung, der wir bei Quintilian begegnen werden, ist hier vielleicht angedeutet.

Das zweite Paar Definitionen zeigt uns andre Anschauungen. Zunächst ist continens in Verbindung mit saepe nicht verständlich; der Gegensatz ist in der Definition des Metrums: modum positionum sublationeque conservans, wir erwarten also hier saepe — non conservans. Nun bieten von den drei massgebenden Handschriften eine continens, zwei contumnens; contumnens ist das wenig passende. Damit ist dasselbe gesagt, was Aristides Quintilianus aussprach, der rythmus könne auch διὰ τῶν ἀλόγων modis gebildet werden, beim metrum komme das sehr selten vor. Augustinisch-varronischen Anschauungen widerspricht diese Behauptung nicht geradezu; denn der plasmus aequalis der miteinander verbundenen Füsse bedingt, wie wir sehen, noch nicht den gleichen modus positionus sublationeque; es können im numerus continuus Dactylus und Anapäst zusammenziehen, da sie beide den plasmus 2 : 2 haben, ebenso bacchius und creticus mit dem plasmus 3 : 3, während doch Arsis und Thesis in diesen beiden Füssen verschieden zum Ausdruck kommen. Servans numerum syllabarum passt freilich nicht ganz in Augustins System, da ja z. B. Spondeus, Anapäst,

auch die Worte des Bassus in huius versus exngd audcen, ut inter duos contexta cuigram permutando referpnus motum durchaus nicht der Kenntnis einer metrischen Caesar, die mit jenen contexta nicht übereinstimmt.

Prooudensmaticus zusammenziehen können; wäre statt des numerus syllabarum das Zeitmaas, die Morenzahl, genannt, so würde es scheinen und dies, die Forderung der Taktgleichheit, sollte wol hier mit dem unzutreffenden Ausdruck ursprünglich gemeint sein. Wird nun die mannigfache Gestaltung der Füsse dem metrum abgesprochen, so haben wir es hier wieder mit dem engeren Begriff von metrum zu thun, denn wer Hexameter, Trimeter, Tetrameter nach augustinischer Art in gleiche Takte zerfällt, braucht nicht mit πόδες διαιρέσεων zu operiren. Das ist eine ganz andere Anschauung als die varronische, nach der jede beliebige rythmische Gestaltung ein numerus ist, und jeder numerus durch Eintheilung zum metrum wird. Der Gegensatz wird in unsrer Stelle darin gesucht, dass der numerus sich nur um den Umfang der Füsse kümmert, das metrum dagegen sowol um den Umfang als die innere Gestaltung derselben; das letztere wird in einer dritten Definition von metrum so ausgedrückt. metrum est quod certis pedum quantitatibus qualitatibusque rythmo discriminatur. Nun fällt ferner bei dem zweiten Definitionenpaar auf, dass das metrum zwar als compositio pedum bezeichnet wird, beim rythmus dagegen der pedes keine Erwähnung geschieht. Nun lernten wir oben eine Stelle des Mar. Victorinus kennen, in der geradezu rythmus und pes einander entgegengesetzt wurden (p. 44 K): pes sine rythmo esse non potest, rythmus autem sine pede decurrit. Auch hier wird der Gegensatz zwischen Grössenverhältnis und Silbenbeschaffenheit vorschweben, bestimmt ist dies der Fall in derselben Gegenüberstellung bei Caesius Bassus p. 267 K: „arma virumque cano Troiae qui | terrait urbem‘. nam „primus ab oris‘, pro quo hanc clausulam posui, par est huic non tantum numero, sed etiam pedibus· constat enim ex dactylo et spondeo. Noch einmal ist rythmus und pes verbunden bei Diomedes p. 473 in dem Abschnitt de poetica. Poetica est belae veraeve narrationis congruenti rythmo ac pede composita metrica structura. Fassen wir auch hier pes im Sinne der geordneten Silbenqualität, wie sie den Metra im engern Sinne zukommt, so wird freilich die poetica auf diese beschränkt und lyrische Compositionen von ihr ausgeschlossen; dies stimmt aber zu Pseudocensorin p. 608, der nach Erwähnung der

Dithyrambiker sagt: post hos poetica valuit velut legitima, numen honorior magisque modulata.

Der Rythmus also hat es mit Quantität, das Metrum auch mit unserer Gestaltung zu thun. Entsinnen wir uns der Aeusserung des Dionys v Habe, dass die epische Dichtung nur ein *μέτρον* habe, nämlich den Hexameter, und mehrere *ῥυθμοί*, das sind die verschiedenen Füsse, die er enthält, so könnten wir auch hier von Quantität und unserer Gestaltung sprechen, nur dass hier jene dem *μέτρον*, diese dem *ῥυθμῷ* zukommt; ein interessantes Beispiel dafür, wie sich die Begriffe verbohren können.

Mit den klarsten Worten ist der im zweiten Definitionenpaar des Diomedes hervorgehobene Gegensatz ausgedrückt von Malins Theodorus p. 585 K.: aequa apud poetas lyricos aut tragicos quispiam reppererit, in quibus certa pedum collocatione neglecta sola temporum ratio considerata sit, meminerit ea, sicut apud doctissimos quosque scriptum invenimus, non metra, sed rythmos appellari oportere. Also metra und rythmos die zwei verschiedenen Compositionsweisen, die metrische und die lyrische. Auch die lyrischen Dichtungen zerlegten unsere Metriker mechanisch in gleiche Takte; das ging ganz gut an, aber innerhalb dieser Takte fand noch dann meist ein regelloses Durcheinander von kurzen und langen Silben; nun bildeten sie sich ein, die alten lyrischen Dichter hätten es ebenso gemacht, sie hätten Takte gleichen Umfangs gebaut, aber in diesen die Kürzen und Längen willkürlich durcheinandergeworfen, daher stammt die Behauptung, sie hätten sich nur um die tempora, die Morenzahl gekümmert; die varronische Taktgleichheit liegt diesen Anschauungen durchaus zu Grunde. Für die buntbewegte Mannigfaltigkeit der alten lyrischen Rythmen hatten sie kein Verständnis mehr, sie konnten nur noch gleichförmigen Rythmus empfinden, wie wir Modernen. Auch wir suchen nach Taktgleichheit, nun sind wir freilich über die mechanische Zerlegungsweise der Alten erhaben, wir nehmen Rücksicht auf die rythmischen Accente, da aber auch so keine gleichen Takte entstehen wollen, so müssen wir zu einem andern Mittel greifen, indem wir mit Bruchtheilen von Moren und überlangen Silben rechnen. Die Alten wussten von diesem Mittelchen noch nichts; wenn es ihnen aber durchaus nicht gelingen wollte, gleiche

Takte abzuzirkeln, so standen ihnen immer noch die Pausen
zu Gebote, die sie den Füssen mit zurechnen konnten. In deren
Handhabung steht Augustin-Varro nicht allein, auch Heliodor
verwendet sie einmal. Dann Heliodor ging es mit den Kretikern,
wie es uns geht, wir konnten nicht fünffüssig sie anhören[1]),
sondern lesen die Kretiker unwillkürlich als katalektische Trochäen. Auch die Choriamben scandierten wir als dactylische
Dipodien mit Katalexe; wenn wir daher selbst welche bauen,
so müssen wir nach jedem Choriambos einen Wortschluss haben,
damit sie lesbar sind, wir machen dann nach jedem Fuss eine
Pause. So machte es Goethe in der Pandora · »Mühend ver-
senkt ängstlich der Sinn sich in die Nacht, suchet umsonst
nach der Gestalt. Ach wie so klar stand sie am Tag sonst
vor dem Blick« u. s. w. Dass antike Choriamben etwas anderes
sind als diese Verse, liegt auf der Hand. Nun meinte Heliodor
(schol. Heph. p 197), Paeonen seien eigentlich nur schön, wenn
nach jedem Fuss ein Wortschluss stattfinde, damit man sie
pausieren und das ganze hübsch trochäisch lesen könne
Ἡλιόδωρός φησι πᾶσιν οἴει τῶν παιωνικῶν τὴν ἀρετὴν ποδα
τομήν, ὅπως ἣ ἡ διαίρεσις δηλώσει χρόνων θεσμηρίοις τὰς βάσεις
τραφ καὶ ἰσομερεῖς ἃς τὰς ἄλλας. elegantissimum est, sagt
Diomedes p. 508 vom metrum paeonicum, cum per singulos
pedes pars orationis impleatur. Hätte Heliodor etwas von einer
dreizeitigen Länge gewusst, so brauchte er gar keine μετὰ
πόδα τομή zu fordern, die Länge hätte selbst geleistet, was
hier nur durch die ergänzende Hinzurechnung der Pause zu
Stande kommt. Wenn schol Heph. p 134 die παράληξις erklärt wird als μία συλλαβή ποδὶ προσμετρειται, so ist auch hier ein
ἰσόχθον durch Hinzurechnung der Pause gemeint. Christ
freilich S 49 und 91 will sogar die silentia Augustins als τόνοι
erklären. In der Notiz des Heliodor ist nun nicht mit Westphal
(Metr. I 2 Aufl. p 819) und Hense (Heliod Untersuch S 107)
ehrwürdige alte Tradition zu suchen (auch Christ S 388 392
398 und 406 legt ihr zu grosse Wichtigkeit bei); im Gegenteil,
Heliodor gibt Ratschläge für seine Zeit, er weiss wohl, dass die

1) Mar Vict p 47 sagt mit bemerkenswerter Kürze von den Paeonen
amsrph minime admittunt idemque metrum maxime mixtis ardunantur

alten Dichter durchaus die Paeonen nicht so gebaut haben, aber wer jetzt welche dichtet, der thut wol daran, sie nach Wortfüßen zu bauen, damit sie lesbar sind. Die Teilung in Wortfüße ist überhaupt eine Eigentümlichkeit aller der Musterbeispiele des sog. älteren Systems, s. Leo Hermes 24 S. 282. Dieses System ist aber angelegt und zugespitzt auf die imitatio' Leo ib S. 292. Das sog. jüngere System, das der griechischen Metriker, ist im Gegensatz dazu im Wesentlichen empirisch-historisch (Leo 294), doch fehlt es auch bei ihnen nicht an einzelnen Winken für die productive Handhabung der Metra. So schreibt Longin p 90 W. (= Choeroboscus p. 25 Hörschelm.) von Hephaestions Handbuch· γέγραπαι ὅτι εὖ παρὸς συγγραμμα εν πᾶσιν, ἀλλὰ τοῖς ἐμπείροις ποιηοῦσι (so Hörschelm. statt ποιήσασι) μᾶλλον. Dem entsprechen Aeusserungen, wie schol Heph p 104 = Choerob p 40 συρηγμένοι δὲ αὐτῇ (d. i. die αναγή, die durch corruptio vocalis ante vocalem entsteht) καὶ ἡμεῖς, ἡμᾶς' ἐν τοσαύτην τῶν διαιρέσεων καὶ πολυπλόκων τρόπων; Choerob p. 51 λεκτέον δ᾽ ὅτι εὖ παρῆσθαι τὴ ἑτέρᾳ τὴν ἀπὸ τῆς ναυς β (d. i. Verlängerung der schließenden Kürze), ἀλλὰ μᾶλλον εἰ ποιήσεις, οἷον τὸ ,Νέστωρα δ᾽ οὐκ ἔλαθεν ἰαχή' etc. p 54· ,εὐλόγως ἡμεῖς μᾶλλον ἀντὶ βραχείας ποιήσασθαι, οὐκ ἡμεῖαν δὲ βραχεῖαν ἀντὶ μακρᾶς. schol Heph B p 114 W· Hephaestion nennt 3 τρόπους der ναυς, es gibt aber 12. δύο μὲν εἰ τὴν μακρὰν εἰς βραχεῖαν μεταγράψοντες (das sind die beiden ersten Hephaestions), ὅταν δὲ εἰ τὴν βραχεῖαν εἰς μακρὰν διαγράφοντες (an deren Stelle Hephaestion nur einen nannte) καὶ βραστι τοσαῦται τοῖς δέκα τρόπους ποιήσασθαι τοῖς παλαιοῖς (τοῖς παλαιοῖς will Hörschelmann de Dionys. Thracis interpret. vet. p 63 streichen, warum? es entspricht ganz der Erwähnung der ποιηταί bei Choerob p 51)· ἡμᾶς δὲ τῶν δέκα τρόπων [εἰ] μόνῳ βραστι ποιήσασθαι') Also das, was ἡμᾶς erlaubt ist, entspricht ganz dem, was auch Hephaestion lehrt, und dies stimmt zu der von Longin ausgesprochenen Auffassung des συγγράμματος als einer Anleitung zur praktischen Handhabung der Metra. So wird auch Heliodoros ποιηῆσαι als praktischer Rat gemeint

1) Vgl Bekk anecd 850 Ὅμηρος Ἄμοιν οὐκ ἔχων τρόπους συγκρίνειν τοῖς συναίρεσιν τὴν βραχεῖαν εἰς μακρὰν, ἡμῖν δὲ — διὰ μᾶον

sein Es zeigen uns solche Stellen, dass jene Leute mit denselben Ohr wie wir Modernen die alten Rythmen hörten und scandierten, dass wir also da, wo sie ihre eignen Gedanken aussprechen, nichts von ihnen lernen können

Doch ich kehre nach diesem Excurs zu den lateinischen Metrikern zurück. Den Gegensatz zwischen Rythmus und Metrum berühren drei verwandte Stellen: Diomedes p 512: ,agile o pelagi cursores | cupidam in patriam portate' sunt hic bini anapaesti aut qui recipi solent, in imo autem aut bacchius est, qui constat ex duabus longis et brevi, aut molossus, qui constat ex tribus longis. aberum autem pedem metra non recipiant, modus non facile finitur et magis rythmus est quam metron Bassus p 214 Paeontius versus quadratus .. cluditur .. erotico, qui et ipse eiusdem generis et temporum totidem quot ille una parcior syllaba est, ne, in (so Keil für nm) finel eodem numero, rythmus, non metrum fiat. p. 265. , . . . caput manusque tepet avida neque manus'. habet hic versus proceleumaticos tres, quartum parcombium, semipede cluditur, ita ut detracta proceleumatico syllaba in tribrachum cadat et constat, ae, ut dixi, numerus sit, non metrum Varronisch ist an diesen drei Stellen der Gegensatz von metrum zu rythmus als ein in deutlich erkennbare Abschnitte Getheiltes, varronisch die Ausdrücke modus und finire in diesem Sinn bei Diomedes. Was sagt Augustin über diesen Punkt? Er sagt l V c 4 m. — allerdings nicht vom metrum im Allgemeinen, sondern speciell vom versus, der nach ihm nur das durch regelmäßige Cäsur getheilte metrum und höchstem missbräuchlich jedes metrum bezeichnen darf: Sequitur ut de versus termino requiramus. nam et hunc aliqua differentia notatum atque insignitum esse voluerunt .... an tu non arbitraris modum esse ut finis, quo provolutus numeri coercetur, non perturbata temporum aequalitate, tamen emineat, quam in cum ceteris partibus, quae finem non fuerunt, confundatur? Weiter unten heisst es: graviludini auctores eo quo pertineas nullum in insigni fine versum putandum esse censuerunt Ueber diesen insigne finis erfahren wir dann weiter in breviore tempore notam finis esse oportere und hanc quam quaerimus termini notam a temporis brevitate docendam esse. Endlich wird die temporis brevitas näher bestimmt als katalektischer Versausgang. Um diesen als Erfordernis jedes versus nachzuweisen, muss allerdings zu ziemlichen Gewaltmitteln gegriffen werden, z. B. der iambische Trimeter als trochäischer Vers mit vorausgeschickter syllaba angesehen werden, der Hexameter in gleicher Weise als anapästischer. Begründet wird die Forderung der Katalexe auch damit, der Vers müsse durch die Caesur so getheilt sein, dass die beiden Teile sich nicht umstellen lassen, das ist der Fall, wenn der erste akatalektisch, der zweite katalektisch schliesst, wie dies im trochäisch gemessenen Trimeter und im anapästisch gemessenen Hexameter zutrifft. In diesem Sinne tritt auch versus in cap. 3 in einen concreten Gegensatz zu rythmus: in omnibus (scil. versibus) hoc ratio demonstravi esse servandum, ut non possit pars prior in posteriore et posterior in priore loco poni: quod si aliter fuerit, non iam versus sed numeris abusione dicetur. erit autem rythmus et metrum, quibus rarissime longis carminibus interponere, quae versibus continentur, non indecorum est. Auch hier rythmus von freierer Composition, aber nicht in Rücksicht auf die freie Gestaltung der einzelnen Takte, wie oben, sondern mit Rücksicht auf die fehlende regelmässige Gliederung am Ende und in der Mitte. metrum steht hier mit auf der Gegenseite, da ein, wenn auch abgeteilter, aber nicht durch die erforderte Caesur erfüllter rythmus zwar ein metrum, aber kein versus ist. Also der katalektische Ausgang beugt der Entstehung des rythmus in diesem engeren Sinne vor. Dazu stimmt die zweite Stelle des Basilius. Auch die Stelle des Diomedes läuft der Sache nach auf die Katalexis hinaus. Freilich würde Augustin niemals die drei letzten Silben der Paroemiaci als Molossus oder Bacchius abgetrennt haben; denn ein alienus pes kann nach ihm im numerus continuus nie stehen, sondern nur hephtheme insumitur; er würde die letzte Silbe durch Pause von 2 resp. 3 Moren zum Spondeus ergänzt und so die pedum aequalitas gewahrt haben. Anders beschaffen ist die erste Stelle des Basilius. Das überlieferte nisi sucht Hense, behod, Unters. p 121 zu halten und fügt pedum hinzu: nisi fiat eodem pedum numero, rythmus non metrum fiat, mit Berufung auf die oben angeführte Stelle des Marius Theodorus. An dieser ist von der griechischäugigen inneren

Gestaltung der Füsse die Rede, welche das metrum dem rythmus
voraus hat. Aber abgesehen davon, dass pedum numerus
dafür ein etwas dunkler Ausdruck wäre, so wäre das Ganze
hier ein sehr überflüssiger Zusatz: »der päonische Tetrameter
muss mit einem Creticus schliessen: wenn dafür ein andrer Fuss
stünde, der nicht, wie der Kretikus, gleichen rythmischen Fall
mit dem Paeon hat, so wäre es gar kein Metrum mehr«. Es
kommt dazu, dass gerade daere dem Rythmus im Gegensatz
zum Metrum zugeschrieben wird (rythmus est metrum suum
Charis 259), bei der Lesung nun käme es dem metrum zu.

Dass ne, so richtig ist, bestätigt der Schluss der zweiten
Stelle: ita ut detracta proceleusmatico syllaba in tribrachum
cadat (scil. versus) et insistat, ne, ut dixi, numerus sit non
metrum. Ut dixi weist auf unsre Stelle, wird schon durch das
hier stehende ne das dort hergestellte geschützt, so kann das
beiden Stellen Gemeinsame, worauf es dixi sich bezieht, nur
in dem insistere liegen; dies insistere wird hier durch die Pause
von einer mora bewirkt, dort durch die schliessende Länge,
die an Stelle der zwei letzten Kürzen des Paeon tritt. Da
haben wir es nun freilich nicht mehr mit einem brevius tempus
zu thun, mit einer Vorstümmelung des letzten Fusses durch
Katalexis, die doch Augustin unbedingt verlangt, im Gegenteil
wird ausdrücklich hervorgehoben, dass der Creticus totidem
temporum est, quot ille s. e. paeon. Nun lesen wir bei Augustin
l. V c. 6: considera ergo, utrum recte imgnoem finem versus
horum spondeum pedem quidam esse voluerint; nam in quinque aliis locis vel hunc vel dactylum licet ponere. Hier handelt
es sich nur um ein insistere durch eine Länge, die an Stelle
zweier Kürzen tritt, bei gewahrter Gleichheit des Fussumfangs.
Aber diese Anschauung bekämpft Augustin: secundum hos
iambicus senarius aut non erit versus aut erit sine ulla finis
enuntia; utrumque autem absurdum est. . . . Quare etiam
ternum huius notam quaerendam esse autumo. . . . nam dubitas,
quaecumque ista sit, aut in pedis esse aut in temporis differentia,
aut in utroque? . . Ego . . . non arbitor alinnde etiam
notam debere sumi quam ex tempore. Die Gegenpartei, die
quidam, denen der Spondeus als Hexameterschluss geeignet

schen[1]), erkannten auch eine pedis differentia ohne Verschiedenheit der Zeiten als genügenden Schluss an; zu dieser Partes
gehört Bassus, denn der Creticus ist dem Paeon gegenüber
temporum totidem, aber una paucor syllaba. Zu welcher von
beiden Parteien gehört nun Varro? Auch dieser Punkt ist von
Interesse, wenn es sich um die Ausscheidung des varronischen
Eigentums bei Augustin handelt. Denn was den Entwurf mit
dem iambischen Trimeter betrifft und die dadurch hervorgerufene
sonderbare trochäische Behandlung desselben, so würde auch
Bassus, wenn wir seine Worte genau nehmen wollen, einen
nach iambischen Dipodien gemessenen Trimeter aus der Reihe
der Metra ausschliessen müssen, denn ein fluere eodem numero
lässt sich diesem nicht absprechen, da sich der sechste Fuss
vom zweiten und vierten nicht unterscheidet.

Atilius Fortunatianus p. 283 sagt: inter metrum et rythmum hoc interest, quod metrum circa divisionem pedum ver-
satur, rythmus circa sonum, quod etiam metrum sine plasmate
prolatum proprietatem suam servat, rythmus autem numquam
sine plasmate valebit. Christ sieht S 90 mit Recht im zweiten
Theil des Satzes den Gegensatz zwischen metrischer und lyrischer Composition ausgedrückt und zieht passend Cic. or 183
heran: a modis quibusdam cantu remoto soluta esse videtur oratio
maximeque in ...... lyricis. plasma ist die Hervorhebung der
rythmischen ictus im lebendigen Vortrag, s. Christ 682, deren
die metra allerdings entbehren können, da auch beim einfachen
Lesen schon durch die regelmässige Folge von Längen und
Kürzen ihr rythmischer Bau klar wird. Der schlichte Vortrag
tritt in Gegensatz zu plasma bei Quintilian 1 8, 2: ad lectio
... non quidem prosae similis, quia et carmen est et se poetae
canere testantur; non tamen in canticum dissoluta nec plasmate
(ut nunc a plerisque fit) effeminata. Ob hier die Hervorbringung
der Rythmen mit plasma gemeint ist, ist zweifelhaft. I 11, 6
wird erklärt simplicem vocis naturam pleniore quodam sono
circumlinere, quod Graeci κατασκευαζομενον dicunt. Jedenfalls
entsteht das plasma dadurch, dass von der Dichtung gebotene

---

1) Dactylus eo nobilior stelle würde eines rythmus ergeben, sagt auch
Ter Maurus v. 1431.

Elemente im lebendigen Vortrag in übertriebener Weise zum Ausdruck kommen. Ein rythmisches αἴδεσμα haben wir in der παράδεσμα; ἀπόφερσις der Sotaden (z. Chrest. S 491; Westphal Rythm S 66), die nach Aristides Quintilianus p 38 die Verbindung von ἀγωγή und λέξις μέση darstellt, das παράδεσμα entsteht hier durch das Hinzutreten lebhafter Musik. Für diese Auffassung spricht auch die Erwähnung der σχήματα in der oben angeführten, ebenfalls von der Verbindung des ἀγωγή mit der λέξις handelnden Stelle Plato's aus dem zweiten Buche der Gesetze: διανοούντων οἱ ποιηταὶ ἀγωγήν καὶ σχήματα μέλους γραφῆς, λόγους φαύλους ὡς μέτρον τιθέντες. Ein lebhaftes Hervortretenlassen der rythmischen Gliederung durch den Vortrag bedürfen denn auch die rythmi im Sinne der lateinischen Metriker, da die schlichte lectio lyrischer Kola nur eine ungeordnete Reihe langer und kurzer Silben ergeben würde. Von der beliebten »Aenderung der natürlichen Quantität«, die Chrest auch in der Stelle des Aristides wittert (wie Westphal in der des Aristides), ahnte freilich Aristides nichts.

Bei Maximus Victorinus p 206 K ist von Interesse die Rücksichtnahme auf die sog. rythmische Poesie, d h die nach Accenten messende Verskunst der späteren lateinischen Dichter. Rythmus quid est? verborum modulata compositio non metrica ratione, sed numerosa scansione ad iudicium aurium examinata, ut puta veluti sunt cantica poetarum vulgarium. Es treten also die accentuierenden Dichtungen mit den lyrischen Schöpfungen der Griechen unter einen Gesichtspunkt zusammen, sonderbare Verkuppelung der schärfsten Gegensätze! Gemeinsam ist ihnen, dass in den Takten — der accentuierenden Poesie wirklich, der lyrischen nach der Meinung der Metriker — keine geregelte Ordnung der Silbenquantitäten statt hat. Die folgenden Definitionen: rythmus per se sine metro esse potest, metrum sine rythmo esse non potest und metrum est ratio cum modulatione, rythmus sine ratione metrica modulatio gehen auf den alten überlieferten Begriff von rythmus, dagegen passen die folgenden Worte: plerumque tamen casu quodam etiam inveneris rationem metricam in rythmo, non artificii observatione servata, sed sono et ipsa modulatione ducente wiederum recht wohl auf die accentuierende Dichtung. Beda

Venerabilis, bei dem wir die Stelle wörtlich wiederfinden (de arte metrica c 24), fügt Beispiele accentuierender Poesie als Belege hinzu. Rücksichtnahme auf diese sog. rythmische Poesie finde ich auch bei Mall. Theod. p 588. Squid ergo praeter haec (d. 1 die 9 prototypa), quod non ad certam pedum legem, sed ad temporum rationem modumque referatur, vel scribet quispiam vel ab alio scriptum legat, id non metrum, sed rythmon esse solat. Das Futurum scribet bezeichnet die rythmi als etwas noch gegenwärtig produciertes; die lyrischen Compositionen der ältern griechischen Dichtung wurden aber weder zu Mallius Zeit noch zu der seiner Quellen noch nachgeahmt — denn Seneca's Polymetra, zwar im Wetteifer mit den Lyrica der griechischen Tragödie entstanden, wollen doch nicht nach blosser temporum ratio gemessen sein, da sie aus Horaz' Metra, die Niemand als rythmi fasste, durch adiectio detractio concinnatio herausconstruiert sind; es bezieht sich also das scribet auf die rythmische Poesie, wobei freilich nur die negative Seite an ihr hervorgehoben wird, nicht das Positive, d. i. die Berücksichtigung des Wortaccents. In diesem Sinne tritt auch der Saturnius mit der rythmischen Poesie zusammen. Am Saturnius fiel den Alten vor allem die metrische Freiheit in die Augen: obscurus quibusdam videtur, sagt Atilius p. 293, qua passim et sine cura eo homines utebantur. Bassus p 265. nostri antiqui tam sunt eo non observata lege nec uno genere re (d. i. rythmisches genus, da die Thesen bald ein-, bald zweisilbig sind, also die Füsse bald dem gleichen, bald dem doppelten Geschlecht angehören) custodita, ut inter se consentiant versus, sed praeterquam quod duriusiores fecerunt, etiam alios breviores (missverstandene Unterdrückung der Thesis) alios longiores imseruerunt. Zu non observata lege kann man vergleichen Firmianus bei Rufinus p 564 von den Tetrametern der römischen Komödie. Idem quadrati, cum sedecim syllabis constare debeant, tamen plerumque fiunt viginti aut amplius syllabarum hinc putantur metra carere nec lege ulla contineri. Die schwankende Silbenzahl schliesst vom Metrum aus. Charisius sagt p 288 vom Saturnius. eos temporis imperiti adhuc mortales huius modi in versibus videntur suas sententias clausus vocibusque pro modo temporum modulatus sollem-

nibus diebus recurunt pro modo temporum ist die Um-
schreibung von Rythmus und diesen Ausdruck selbst gebraucht
Servius zu Verg georg 2, 385. „Aucunt .. verubus incomptus
ludunt", id est carminibus saturnio metro compositis, quod ad
rythmum solum vulgares componere consuerunt (so L Müller,
der saturn Vers S 13 für consuverunt). Der Ausdruck vulgares
lässt erkennen, dass ihn die Dichter saturnischer Verse auf
einer Stufe standen mit den Volksdichtern seiner Zeit, denen die
Regeln des metrum eine gelehrte Antiquität sind Selbstverständlich ist, dass solche Stellen in keiner Weise der neuerdings
erfundenen accentuirenden Messung des Saturniers als Stütze
dienen konnen, vgl L Müller a. a O.

Endlich beschäftigt uns noch Marius Victorinus (genauer
gesagt Aphthonius). Ueber die Stelle von den longis longiores
und brevibus breviores p. 39 ist schon oben gehandelt. Aphthonius stellt die Nichtberücksichtigung der von den musicos
festgestellten Silbenverschiedenheiten durch die Metrik als eine
non parva disensio inter metricos et musicos hin. Von einer
solchen disensio ist in ähnlichen Ausdrücken in einer varronischen Stelle die Rede, frg. 60 Wilm. p. 198: Longitudo verborum duabus in rebus est, tempore et syllaba. tempus ad
rythmicos pertinet, syllabae ad metricos inter rythmicos et
metricos disensio nonnulla est, quod rythmici in verum longitudinem vocis tempore metiuntur et huius mensurae modulum
faciunt tempus brevissimum in quo quaecumque syllaba enun-
tiata sit brevem vocari metrici autem versuum mensuram
syllabis comprehendunt et huius modulum syllabam brevem
arbitrantur, tempus autem brevissimum intellige quod enun-
tiationem brevissimae syllabae cohaerens adaequaverit. itaque
rythmici temporibus syllabas, metrici tempora syllabis finiunt
Hier handelt es sich, wie die Ausführung zeigt, durchaus um
keine Meinungsverschiedenheit — disensio — sondern um verschiedene gleichberechtigte Gesichtspunkte, unter denen ein und
dieselbe Sache betrachtet werden kann. Auch hier können
wir eine verwandte Stelle des Augustin herbeiziehen, l II c. 1:
wenn ich an einer Versstelle, die einen trochaeus verlangt, einen
mit langer erster Silbe gebrauche, so wird das der grammaticus
tadeln, als custos historiae, quod in qua ante nos fuerunt .

ea correpta, non producta sed fuerint. Die musica dagegen
nihil omnino successerit; tempora enim vocum ea pervenere
ad aures, quae illi numero debita fuerunt. Wenn ich im
ersten Verse der Aeneis primis ab oris sage, so wird das
nur der grammaticus tadeln wegen des barbarismus; sage
ich aber primis ab oris, beide, doch aus verschiedenen
Gründen: grammatica, quia id verbum, cuius novissima syllaba
producenda est, eo loco positum est ubi corripienda pars debuit;
musica vero tantummodo quia producta quaelibet vox est eo
loco, quo corripi oportebat, et tempus debitum quod numerosam
dimensio postulabat, redditum non est. Das ist die treffendste
Erläuterung zu dem Satz rythmus temporibus syllabas, metrici
tempora syllabas finiunt. Aber die Sache ist rein theoretisch
gefasst; dass »der Lyriker sich hätte erlauben dürfen, die erste
Silbe von cano als eine Länge zu behandeln« wird von Christ
S. 16 mit Unrecht als Augustins Meinung hingestellt. Sehr
paarend treten die grammatica und musica selbst an Stelle der
rythmici et metrici. (Dass rythmica und musica identisch sind,
ebenso γραμματική und μετρική im Gegensatz zu ihnen, sahen
wir oben.) Denn zu dieser verschiedenen Betrachtungsweise
waren doch nicht verschiedene Personen nötig, von einer
diversitas vollends ist keine Spur. Wir werden auch hier die
augustinische Auseinandersetzung als in ihren Grundgedanken
Varro am nächsten stehend in Anspruch nehmen dürfen.

Dass Aphthonius an unserer Stelle die praktischen und
theoretischen Musen durcheinanderwirft (s. o.), hat er mit
Pseudocensorin gemein, der unter den Musen in einem Athen
Timotheus und Aristoxenus nennt.

p. 41 werden eine Reihe von Definitionen gegeben. rythmus est pedum temporumque iunctura velox (das entspricht
der Definition bei Diomedes, nur dass velox an Stelle von cum
levitate steht) divisa in arsin et thesin (arsin und thesin als
Stoff des Rythmus nennt Aristides Quintilianus) vel tempus
quo syllabas metimur (etwas dunkel! er denkt wol an die
rythmici, qui syllabas temporibus metiuntur) Dann. differt
rythmus a metro, quod metrum in verbis, rythmus in modulatione ac motu corporis est; et quod metrum pedum (darüber
s. p. 62) sit quaedam compositio, rythmus autem temporum

inter se ordo quidam; et quod metrum certo numero syllabarum vel pedum finitum sit, rythmus autem nunquam numero circumscribatur (d i. die varronische Anschauung). Ein schönes Durcheinander! Auf den letzten Satz aber folgt als Begründung: nam et volet, protrahit tempora, ita ut breve tempus plerumque longum efficiat, longum contrahat. Deum nam ist bezeichnend für des Aphthonius Verständnis der Sache p 44: pes sine rythmo esse non potest, rythmus autem sine pedo decurrit, non enim gradiuntur mele pedum mensuribus, sed rythmus fiunt. Die rythmi sind die Takte, die nur nach gleichem Umfang ohne Regel der Silbenbeschaffenheit (welche die pedes im engern Sinne bedingt) abgeteilt sind, denn so teilte man die μελη (p 49 werden mele et rythmi lyricorum modulorum den metra entgegengesetzt); p 50 wird wieder ein Haufen von Definitionen aufgetischt: metrum est compositio pedum ad certum finem deducta seu dictionum quantitas et qualitas pedibus terminata vel rythmus modis finitus. Die erste und dritte ist varronisch, die zweite bringt die qualitas hinzu, die wir aus der zweiten Definition des Diomedes kennen. Der Doppelsinn von metrum macht unsern Autor irre weiter unten: carmen lyricum, quamvis metro subnixit, potest tamen videri extra legem metri esse, quia libero scribentis arbitrio per rythmos exigitur. Denn metrum in varronischem Sinne haben die lyrischen Gedichte, da sie in Verse angeteilt sind, aber die regelmässige qualitas der Fusse, wie sie die metra in engerem Sinne haben, geht ihnen ab, vollends wenn man sie unverständig einteilt. Sie haben dann nur rythmos positionem sublationemque continentes (s Diomedes) Sehr dunkel ist p 55 die ausdrücklich dem Varro zugeschriebene Definition: versus est, ut Varroni placet, verborum iunctura, quae per articulos et commata ac rythmos modulatur in pedes, auch wenn wir mit Studemund (wie Consbruch Breal philol Abh. Bd V p 79 mitteilt) ρυθμησας für ac rythmos schreiben. Wir können nur articulus als das Gelenk, welches durch die Caesur gebildet wird, bei Augustin nachweisen, und die Caesur ist ja dort zum Begriff des Verses wesentlich; l. III c. 2 ubi fiat quidem articulus antequam veniatur ad finem. V c 33 priores partes versuum quinto semipede articulatas. Etwas dunkler ausgedrückt ist auch p 183: infinita enim res est

rythmos, cum usque quo voles voci sono ducatur hisque cogas
quiescere, ubi pedem finiturus es. Da ist der varronische
Gegensatz, nur dass hier pes für metrum steht.

Nun endlich zu **Quintilian**, bei dem viele von den Fäden
sich verschlingen, die ich im Bisherigen auseinanderzuwirren
gesucht habe. Quint. 9, 4, 45: Sed transeamus ad numeros.
Omnis structura ac dimensio et copulatio vocum constat aut
numeris (numeros ῥυθμούς accipi volo) aut μέτροις, id est
dimensione quadam. aut — aut¹, also Quintilian denkt durchaus an den concreten Gegensatz zweier verschiedener Compositionsweisen, aber er bringt im Folgenden manche Bestimmungen bei, die sich nur auf den begrifflichen Unterschied
zwischen rythmus und metrum beziehen, was seine Auseinander-
setzungen einigermaassen trübt. Quod etiam constat utrumque
pedibus (das ist varronisch; wir werden aber im Folgenden
sehen, dass er pedes auch in dem anderen Sinne, als dem
metrum allein zukommend, gebraucht), habet tamen non simplicem differentiam. Nam rythmos, id est numeri, spatio temporum constant, metra etiam ordine: ideoque alterum esse
quantitatis videtur, alterum qualitatis. Dies ist der uns aus
Mallius Theodorus und Diomedes bekannte Gegensatz (Diomedes
474: metrum est compositio pedum ordine statuto decurrens
modum positionis sublationisque conservans). Er bezieht sich
nur auf die innere Gestaltung. Zerfällt man beide Gattungen
in gleiche Takte, so zeigen die metra in demselben regelrechte
Anordnung der Längen und Kürzen, die rythmos willkürliche, so
dass in ihnen die — freilich erst durch die messenden Metriker
hineingebrachte — gleiche Ausdehnung der Takte das einzige
formgebende Element ist. In dieser Anschauung bewegt sich
die folgende Partie bis § 49. Ῥυθμός est aut par, ut dactylus:
unam enim syllabam parem brevibus habet. Est quidem vis
eadem et aliis pedibus, sed nomen illud tenet; über diese Worte
später. Es wird nach dem Dactylus noch der Paeon 1 und 4,
der Jambus und der Trochaeus genannt und dann heisst es
§ 48: Sunt hi et metrici pedes: sed hoc interest, quod rythmo
indifferens est, dactylusne ille priores habeat breves an sequentes.
Metrici pedes sind hier in einem andern Sinne gemeint, als bei

Aristoteles, der den poeta davon ausschloss; dort handelte es
sich um die Ableitung gleichlanger Verse, hier nur um die
Gestaltung der Einzeltakte. Sunt hi et metrici pedes bedeutet
hier, wie der Gegensatz zeigt: die genannten Füsse können
metra bilden, wenn sie in immer gleicher Gestalt, ohne Bei-
mischung von Stellvertretern, aufeinanderfolgen. In diesem
Sinne wird der aus reinen Dactylen bestehende Hexameter bei
Eustath zu Il 779 als μετρῶν μετρικώτατον ἕτερον bezeichnet (die
Stelle führt Arnsel de vi atque indole rythmi p 64 an). Nun
ist bemerkenswert, dass in der vorhergehenden Aufzählung,
auf die sich die Worte sunt hi et metrici pedes beziehen, beide
Paeonen und Jamben sowie Trochaeus genannt werden, nicht
dagegen der Anapäst. Der Anapäst war schon von Theophrast
bei Cic. de or. 3, 185 in Gegensatz zu den metra gebracht
worden, dort allerdings aus dem Grunde, weil er keine gleichlangen Verse bildet, sondern Systeme von verschiedener Ausdehnung; hier kann er nur deshalb ausgeschlossen sein, weil
bei ihm allerdings die Stellvertretung, die mangelnde Rücksicht
auf den ordo temporum am meisten hervortritt, daher sich
die Worte rythmo modisserans est dactylicus ille prunes habent
breves an sequentes wahrscheinlich auf die Anapästen beziehen,
die sonst den rythmi zugerechnet würden [1]; denn dactylicus
in rythmischem Sinne bedeutet jeden gleichzeitigen Fuss. Daher die rätselhafte Umgebung des Namens Anapäst in § 47.
est quodam vis eadem (scil. unam syllabam parem brevibus
habendi) et alius pedibus, sed nomen illud tenet (scil. dactyli).
Erinnern wir uns der Auseinandersetzung Augustins (III c 4),
dass, wenn in numerus continuus Füsse verschiedener Gestalt,
aber gleicher Ausdehnung mit einander verbunden werden,
derjenige, der in der Rangordnung zuerst steht — also bei vier-
zeitigen Füssen der Dactylus —, dem ganzen numerus den
Namen gibt; so darf nach diesem — wahrscheinlich varronischen — Princip, wenn man einmal das anapästische Mass zu
den rythmi rechnet, dasselbe gar nicht anders als mit dem
Namen des dactylus bezeichnet werden [2]. Es zeigt sich hier

1) Das ist auch die Meinung von Christ § 341

2) In beschränkter Weise wird die Bezeichnung dactylisch auf Ana-
päste übertragen bei Mar. Vict. 77, s Christ 230

das äusserliche dieses ganzen Verfahrens; denn gegenüber den
buntbewegten Rythmen lyrischer Strophen vorkommt doch der
Anapäst in seinem gleichmässigen Gang auf einer Seite mit
Trimetern und Tetrametern zu stellen, ihn mit den freien Lyren
in eine Kategorie zu stellen, war nur möglich dadurch, dass
man alle Arten von Dichtungen mechanisch in gleiche Takte
zerlegte. Wenn aber die Verwendung stellvertretender Füsse
allein schon von der Bezeichnung metrum ausschliesst, so darf
genau genommen auch im Hexameter kein Spondeus für einen
dactylus stehen; und diese Consequenz ist wirklich gezogen:
proinde alia dinoscere est versum (versus für μέτρον, wie bei
Cicero, s. o.): pro dactylo poni non poterit anapaestus aut
spondeus. Es ist das dieselbe schematisirende Engherzigkeit,
die nur dem στίχος διδασκαλίας das μεγέθος μέτρων zuerkennt, wie der Gewährsmann des Eustathius thut; — dass er
damit den Hexameter aus der Reihe der metra, der versus, f
ausschliesst, scheint Quintilian nicht zu bedenken. Zwischen
den genannten Sätzen lesen wir noch mit Bezug auf den
Rythmus: tempus enim solum metitur, ut a sublatione ad
positionem idem spatium sit. Das ist ungeschickt ausgedrückt,
denn zwischen sublatio und positio liegt gar kein spatium, aber
was gemeint ist, ist klar, — die Taktgleichheit. Die Worte
bestätigen zugleich, dass in § 46 mit dem spatium temporum
nur die Ausdehnung der Einzeltakte gemeint war. § 49· neque solum alium pro alio pedem metrorum ratio non recipit,
sed ne dactylum quidem aut forte spondeum alterum pro altero.
Itaque in quinque continuos dactylos, ut fit in illo: ‚panditur
interea domus omnipotentis olympi‘, confundas, solveris versum.
Hier liegen ganz andere Begriffe zu Grunde, metrum ist hier
der in der λέξις dargestellte rythmus, und nur die λέξις ist die
Ursache der angegebenen Beschränkung· in dem angeführten
Verse ist die einzige mögliche Umstellung der Füsse. interea
domus panditur omnipotentis Olympi, und das ist allerdings
kein richtiger Vers mehr. In Bezug auf Spondeen hätte er
einen Vers wie Aen I, 7: ‚Albanique patres atque altae moenia
Romae‘ anführen können, da entsteht durch Vertauschung der
beiden Spondeen altae und Romae aus dem Hexameter ein
versus opisynthetus, bestehend aus der dactylischen Penthe-

numeros und einem trochäischen Dimeter: „Albanaque patres
atque Romae moenia altae'[1]

In § 50 nun geht Quintilian zu einem andern Unterschied
zwischen rythmus und metrum über: sunt et illa discrimina,
quod rythmus libera spatia, metra finita sunt. finire ist der
eigentliche Ausdruck von der Abgrenzung der Abschnitte, der
Verse, also bedeuten hier die finita spatia im Gegensatz zu den
libera die gleichlangen Verse der metra. Rythmen sind auch
hier die lyrischen Compositionen, welche ungleiche Kola beliebig
machen, wie ja die Dithyramben in diesem Sinne von Theophrast bei Cic. de or. 3, 185 im Gegensatz zu den metra gesetzt
werden. In den folgenden Worten nun aber mengt er den
abstrakten Begriff des Rythmus hinein. et his certae clausulae,
ib, quomodo coeperant, currunt usque ad μεταβολήν, id est
transitum in aliud genus rythmi. Der Rythmus an sich, als
die gegliederte Zeit, kann innerhalb eines vorgetragenen musischen Stoffes keinerlei Abschluss haben, höchstens kann ein
bestimmter Rythmus dadurch beendet werden, dass ein andrer
an seine Stelle tritt. Dagegen bringt die λέξις, d. i. das Metrum
schon allein die clausulae mit sich, wie ja auch Augustin I
c. 11 sagt: omnis dictus (scil. numerus) finitus est, non dictus
autem infinitus. Denn sollten die rythmi hier concret gemeint
sein, so könnte sich das Fehlen der clausulae nur auf eine
über die Grenzen der Verse hinausgehende Continuität beziehen,
also anapästische Systeme oder solche? (S. Christ S. 101.
131 631 missbraucht er die Stelle Quintilians) Aber was hat
in diesem die μεταβολή zu schaffen? Nachdem in § 50 noch
der Unterschied: quod metrum in verbis modo, rythmus etiam
in corporis motu est Erwähnung gefunden hat, kommen in
§ 51 die Pausen zur Sprache. Inania quoque tempora rythmi
facilius accipient, quanquam haec et in metris accidunt. Maior
tamen illic licentia est, ubi tempora etiam animo metiuntur et
pedum et digitorum ictu intervalla signant quibusdam notis

---

1) Entfernt verwandt ist das Verfahren des Dionys v. Halic. de c
a p 31 f., der aus Hexametern durch Wortumstellungen Sotadeen
macht.

atque aestimant quot breves illud spatium habeat inde τονρώ-
σχμοι τατρώσχροι deinceps longiores fiunt percussiones Auch
hier der abstracte und der concrete Gegensatz durcheinandergeworfen. Auf den abstracten beziehen sich die letzten Worte
die rythmische Betrachtung nennt die Takte (percussiones) nach
σχματα, diese σχματα sind mit notae überseid [1]) und es folgt
aus dem Zusammenhang, dass intervalla und illud spatium die
Länge der Takte bedeutet. Die σχματα werden auch § 130
erwähnt: corpora quoque motu sunt san quaedam tempora
et signa pedum non minus saltatoni quam modulationibus ad-
hibet musica ratio numerorum, welche Stelle mit Halm zu
ändern kein Grund vorliegt. Es sind also signa pedum, nicht
silentiorum, wie Christ S 47 versteht. De quibusdam notae
von signant abhängig sein muss, so kann davon nicht auch
der Ablativ ictu abhängen, daher Spaldings von Halm ange-
nommener Vorschlag zu billigen, der et vor intervalla einsetzt.
Dann gehört pedum et digitorum ictu zu metuntur. Damit
wird dasselbe gemeint sein, was Afflius mit seinem plasma
brangte, welches der rythmus notwendig verlange — erst der
lebendige Vortrag bringt die scheinbar regellosen Takte in
geordnete Bewegung, scheint doch die πατλασμενη durαμενη
der Sotadeon geradezu auf pedum et digitorum rotus zu gehen.
Nun aber etiam animo? Weil schlug für animo inania vor
und Christ S 47 nennt den Vorschlag an. Aber der Gebrauch
der manis soll ja eben hier begründet werden, also können
die inania selbst nicht zur Begründung mit angeführt werden.
Jahrb 1869. 376 nennt Weil seinen Vorschlag zurück und
will animo als Dittographie ganz streichen. Aber was soll
dann etiam? Ferner verlangt das et vor podum, dass ein
Ablativ vorangeht, denn et — et correspondirend gefasst er-
gäbe eine zu scharfe Trennung der pedes und digiti, die hier

1) Gewiss verschrig, aber es ist dieselbe Deutung, die M Victorin p 43
gibt separatio veterum pedum id est tempus non observatio discernat et eo quod
signa quaedam accentuum, quae Graeci προσωδίας vocant, syllabis ad
declaranda temporum spatia superponuntur. Westphal I° 125 notas
»Tetisemetschoa« identisch mit pedum et digitorum rotus

nicht am Platze ud animo Maal sich rechtfertigen: der rythmus verlangt, dass man auch die nicht im Stoff dargestellten Zeiten mit empfindet und das kann nicht durch sinnliche Wahrnehmung geschehen, sondern nur animo. Bei der Zerfällung der rythmi in Takte, das besagt unsere Stelle, muss man in freierer Weise mit Ansetzung von Pausen schalten, und man darf es, weil der lebendige Vortrag (pedum et digitorum ictus) die rythmische Bewegung zum Ausdruck bringt – denn der engen Beziehung der alten lyrischen Dichtung zu orchestischer Bewegung war man sich wol bewusst, zeigen doch gerade die chorischen Dichtungen die freieste rythmische Bewegung –, und weil – was nicht ganz dazu passt – in der rythmischen Betrachtung der animus das Gleichmaass der Takte auch ohne Rücksicht auf deren Ausführung durch den sprachlichen Stoff zu verfolgen hat.

In § 52 kommt nun Quintilian auf den oratorischen numerus: in compositione orationis certior et magis omnibus aperta servari debet diversitas. Als Gegensatz schwebt der Rythmus vor, der sich um den ordo temporum innerhalb der Takte nicht kümmert; die Rede muss auf die Silbenbeschaffenheit Rücksicht nehmen, est igitur in pedibus et motibus quidam positus. Er denkt also hier nur an den innern Rythmus, wie auch Dionys v Halic, der Prosastellen in Versfüsse zerlegte, dagegen den architektonischen Rythmus nur einmal entfernt andeutet; des letzteren Anerkennung weist Quintilian sogar ausdrücklich ab: nihil non, quod est prosa scriptum, redigi potest in quaedam verborum genera vel in membra. sicut in molestos incidimus grammaticos ... qui [prosa scripta quasi] lyricorum ... carmina in varias mensuras coegerunt. Dies hatte Thrasymachus zuerst gethan. Merkt Quintilian wol, dass er mit seinem Tadel auf Cicero losschlägt? – Mit der Forderung der metrici pedes tritt die oratio in Gegensatz zu den rythmi im quintilianischen Sinne, ut Cicero frequentissime dicat, totum hoc constare numeris, ideoque reprehenditur a quibusdam, tanquam orationem ad rythmos alliget. Die quidam sind die Leute, die, wie Quintilian hier, ihre Begriffe von rythmus und metrum aus der Lehre der Metriker schöpfen, dagegen die

davon abweichende Verwendung derselben bei Cicero nicht
berücksichtigen. Quintilian hatte 3, 4, 11 erklärt: totus enim
sibi esse auctores plurimos aeque — hier scheint der auctor ein
Metriker zu sein, der sich eng an Varro anschließt, aber bereits
die beiden Arten von rythmus vermengte[?]) — und mit Bezug
auf das neunte Buch sagt er 9, 4, 2: accedam in plerisque
Ciceroni atque in iis ero, quae indubitata sunt, brevior: in
quibusdam paullum fortasse dissentiam. Dies bezieht sich besonders auf unsere Stelle: er erklärt auch hier, mit Cicero nicht
einverstanden zu sein. Neque enim Demosthenes fulmina tanto-
pere vibratura diceti, non numeris contorta ferrentur. In quo si
hoc sentit, rythmos contorta, dissentio. Dies wird begründet:
nam rythmi, ut dixi (§ 50), neque finem habent certum nec
ullam in contextu varietatem, sed qua coeperunt sublatione et
positione, ad finem usque decurrunt: oratio non descendet ad
strepitum digitorum. Es schweben ihm die in gleiche Takte
eingeteilten Lyrica vor (nulla in contextu varietas meint die
Taktgleichheit, die nur durch die permutatio § 50 unterbrochen
werden kann), die durch den pedum et digitorum ictus in
gleichmäßige Bewegung gebracht werden; die Prosa auf diese
Weise zu behandeln, d. h. sie nach gleichen Takten ohne
Rücksicht auf die Silbenquantitäten zu scandieren, ist dagegen
nicht erlaubt (dies bedeutet non descendet ad strepitum digitorum); daher werden ihr die rythmi abgesprochen. Aber
das Ding muss doch einen Namen haben, ea, quae efficitur e
pedibus, aequa concluso nomen aliquod desiderat; es wird
daher numerus oratorius in diesem besondern Sinne als gültig
angenommen, aber, wie schon bemerkt, nur vom inneren
Rythmus ist die Rede, nicht vom architektonischen.

Auch § 61 sagt, dass er numerus nur in diesem engern
Sinne versteht: in omni quidem corpore totoque ut ita dixerim
tractu numerus inest est. neque enim loqui possumus nisi
e syllabis brevibus ac longis, ex quibus pedes fiunt

---

1) Berücksichtigung der Metriker auch § 60 62. 96, s. Westphal I° 121.

Ich bin am Ende des Versuches, eine Geschichte der
Begriffe Rythmos und Metron zu geben. 'Der Boden ist
schlüpfrig. Rythmus ein so dehnbarer, schwankender Begriff,
dass es nicht leicht ist, gerade diese Untersuchung in eine
feste Bahn zu leiten. Aber für die Erforschung der antiken
Theorie und vor allem für die Festatellung dessen, was wir
aus derselben für unsere Erkenntnis der rythmischen Kunst
der Alten entnehmen durfen, ist es notwendig, die Entwickelung
der Begriffe zu verfolgen; und ich hoffe, dass die vorliegende
Untersuchung in dieser Beziehung einigermassen zur Klärung
beiträgt.

Nachträge und Verbesserungen.

Zu S. 5 u. vgl. Lucian vit. auct. c. 21 u. u. erläutern u. u. u.
u. u. u. u. u. u. u. u. u. u. u. u. u. u. u. u. u. u.
wo höchste vorwiegend den Klang merkt.

S. 15 Z. 11 v. u. statt geschrachener lies geschrittener
S. 19 Z. 11 v. o. statt rbrt. lies post.
S. 36 Z. 18 v. u. statt ganz schiefe lies ganz schiefe

Index rerum

Index locorum

Index nominum.